戴晨志
溝通勵志大師

課堂沒教，
卻是你該懂的人生功課

晨星出版

《自序》

每個人都該懂的人生必修課

戴晨志

▼主動，讓你的人生從平凡變得精彩

早上在運動時，我的腦袋忽然出現「主動」二字。其實，人生，做任何事情，都需要有「積極、主動」的精神。

年輕在藝專廣電科唸書時，我「主動」參加作文、演講、詩歌朗誦等各式各樣的比賽，但我都沒有得名；不過，我沒有放棄，每天還是用心練習朗讀、播音。

後來，我持續主動參加演講比賽，最後，獲得全校第一名，也獲得當時全台北縣大專盃演講比賽第一名。也因此，我被挑選為「台北縣青年節慶祝大會的主席」。

為了訓練我自己的膽量，我曾一大清早，搭乘最早班的公車，到台北新公園（現為二二八紀念公園）的露天音樂台，不畏許多人的眼光，自己勇敢、主動地站在露天的「台上前方」，自我訓練演講。

我很緊張，臉忍不住地泛紅，尷尬地面對正在台下運動、做體操、打太極拳的老先生、老太太們演講；我把我的「青年節慶祝大會主席演講內容」準備好，不看稿、大聲地練習講一遍。講完後，台下的聽眾們熱情地給我大聲鼓掌；而我也紅著臉、害羞地跑下台，離開了。

其實，我也曾「主動」到中廣公司，請知名的播音員，教導我播音技巧；也「主動」到中央日報，請副刊主編幫我修改文章。

在當兵時，我也「主動」參加政戰預官演講比賽；在用心準備、努力練習下，最後我拿到了「第一名」。

人生，就是要積極、主動、勇敢出擊、勇敢嘗試。

「凡事主動，才不會掉入黑洞。」

「人生不主動、不出擊，永遠不會被看見、不會被賞識。」

我年輕時，英文成績不好，但「主動」報名托福考試，結果，很淒慘地，連續考了八次，才通過最低標準，到美國唸書。

在美國拿到碩士學位後，我「主動」報名華視記者招考，後來，很幸運地，我以第一名的成績，考上了電視記者。兩年後，我「主動」申請美國奧瑞崗大學博士班，也幸運被錄取，得以前往奧瑞崗大學就讀博士班……

真的，人生任何事情，都需要「主動去發動、去爭取、去表現、去請教成功人士」。

你不勇敢，沒有人會為你勇敢。

你不積極，沒有人會為你積極。

你不突破，沒有人會為你突破。

主動，讓我們從「台下」，走到「台上」；也從「不可能」，化為「可能」。同時，主動，也會讓我們的人生，從「平凡無奇」變成「精彩無比」！

無數的「主動與行動」，才會編織成我們豐美、精彩的人生！

▼用心、專注，才能成長蛻變

最近，我曾受邀到新竹縣的竹北市演講。

演講結束後，一名年輕人來找我，他拿著一本手寫、老舊的筆記本，跟我說：

「戴老師，這是我在當兵時，閱讀您的書《你是說話高手嗎？》所作的筆記，我很喜歡、也很受用，所以，就把您書中的內容，好的句子、好的故事、好的概念……都一一抄寫下來……」

我一聽，天哪，現在哪有這樣的年輕人？不僅願意閱讀書本，還把書中好的內容抄寫下來，讓自己對內容的印象，更加深刻。

後來，我私訊他，約好與他通電話。電話中，他很高興地對我說，從來沒有一個書本的作者，會主動跟他打電話、談話、聊天……

他跟我說，以前，他很不會說話、悶悶拙拙的、不擅跟人溝通。

但當兵時，在部隊的連隊書箱中，看到我的書《你是說話高手嗎？～～教你如何展現說話魅力》（軍中版）。他翻閱後，覺得很喜歡書中的內容，就向長官借閱，也一邊看、一邊認真地抄寫書中的重點內容……

如今，他的口才表達能力、人際溝通能力都進步了。他一邊工作，也主動參加「竹北健言社」，甚至，主動參加演講比賽，也得獎了。

他很開心地說，能親眼、親耳聽到昔日他用心抄寫文字的書籍作者的演講，而作者也為他在「三十多頁抄寫的舊筆記上」，親筆簽名，讓他真是開心。

其實，是我自己很感動。我曾很認真閱讀、寫作、參加比賽；但，我不曾為一本好書——用心認真地抄寫其中精彩的內容。

謝謝「邱霖佑先生」告訴我，他年輕時「真心、用心、專注」投入閱讀我的書，並「專注筆記」的這段往事。

如今，邱先生說，他很開心，因他主動參加社團、努力把握上台的機會，讓自己繼續學好「口才魅力表達」，也讓自己的人際關係更好。

▼別怕轉換方向，要發掘自己的無窮潛力

前一陣子，我過去三十年前在世新大學口語傳播系教過的兩位女學生，來到我台北辦公室看我，由於好久不見，彼此聊天、開心敘舊。

這兩位口語傳播系、第一屆的女學生，在民國八十五年畢業；而我，也在八十五年離開世新大學系主任教職，至今，已經剛好三十年。

學生問我：「主任，當時你為什麼要離開教職？」

我說，我在任職系主任時，寫了二、三本書，都很暢銷、受歡迎；此時，我突然發現——老天給我一些我過去不知道的「天賦、能力」；原來，我可以寫作、出書、四處受邀演講的……

而我，比較笨拙，我不擅長於「行政工作」。

因為，擔任系主任，需要經常開會、處理老師排課、學生各項繁瑣的事務，甚至學生的招生事務、各項評鑑考核……這些工作，我興趣不大、不擅長、處理不太好；所以，我選擇離開大學教職，做一個自由自在的「作者」，用心、認真、專注地寫作，也受邀到海內外各地演講。

▼用眼看見特殊，用筆記錄情懷

以前，也有很多人問我，我年輕時，為什麼要主動離開「電視記者」的工作？

我說，我不喜歡每天花時間在採訪新聞，尤其是——詐騙、車禍、吵架、衝突、偷竊、交通違規、買東西覺得太貴……一大堆負面、不重要、社會亂象、無謂的新聞；我不要每天一直拿著麥克風，去採訪別人、壞人；我希望，有一天，別人會來採訪我、閱讀我的書籍、邀請我去演講、去給別人「正能量」、讓別人的人生「充滿希望」……

如今，我的工作改變了，也變得單純了許多。

我告訴來訪學生——我現在的工作，就是「**用眼看見特殊，用筆記錄情懷、用口分享感動。**」

我的文章、書籍，可以感動、改變別人；我的演講，可以影響現場聽眾朋友。這樣，我就覺得很開心，也覺得自己的生命——是有價值、有意義的。

感謝「晨星出版社」，幫我出版了這本《課堂沒教，卻是你該懂的人生功課》。真的，我們年輕時，都是懵懵懂懂的，不知道「主動積極、主動開口、用心請教、創造機會。」

也因此，「**我願意，是一切成就的開始。**」

如果覺得沮喪挫折或是感到迷茫，不妨讓這些人生該懂的勵志佳句陪伴你，並在充電之後，趕快行動——

「知識力＋行動力，才能讓我們如虎添翼。」

「成功不是靠奇蹟，而是靠累積。」

「問題不在難度，而在態度。」

「要讓自己發光，不能讓別人把你磨光。」

「多看明日的可能，少看昨日的失望。」

若你還是沒有方向，不妨繼續往下閱讀，本書規劃了五大人生課題，包含了「態度、挑戰、情緒、人緣、挫折」，或許，其中就有你需要了解的人生功課，帶你打破心中迷惘，找到問題的解方，以及繼續前行的力量！

目次

Ch.2

挑戰

才能蛻變成更好的自己

Ch.3 情緒

學會共處，才能轉化為前進的動力

Ch.4 人緣

建立舒適的人際網絡

Ch.5 挫折

學會面對與接受，找回重新站起來的力量

ch.1

態度

能讓我們看見不一樣的世界

一件事情往往有不同角度和解釋，

轉換念頭，重整狀態，

或許能夠讓你從不同的視角，

找到你的方向。

專注、專心與專一

人，必須兩隻眼睛都「專注」、「心無旁騖」地努力學習，也必須了解自己「有什麼」、「沒有什麼」？「懂什麼」、「不懂什麼」？畢竟一個人，不可能精通所有事物，因為「樣樣通、樣樣鬆」啊！

▼專注於一，才能跑出第一

「當電視記者」是我年輕時的夢想，但是當時想當電視記者並沒有那麼簡單，不僅要有迅速掌握資訊、編寫新聞稿的能力之外，最基礎的口條能力更是關鍵。

記得唸藝專廣播電視科一年級時，老師說我國語不好，要我訂一份《國語日報》。我內心很不平，長這麼大了，還要訂《國語日報》，多丟臉啊！可是，我還是去訂了一份。每天同學還在睡覺時，我就拿著《國語日報》到空教室、操場、司令台，一個字、一個字開口慢慢唸。

大一新生時，我不管三七二十一，就報名參加演講、詩歌朗誦、即席演講、辯論等比賽，但是每次都沒有得名；我們班上同學就告訴我：「戴晨志，拜託你不要再參加比賽了好不好？我們廣電科的臉，都被你丟光了！」

可是，我知道——

「只要敢站上台，就是戰勝自己！」

「只要敢開口，就能克服我自己的心理障礙。」

參加比賽沒得名，並不是什麼丟臉的事，如何使自己勇敢地「站到台上去」，才是最重要的。

三年過後，我被選為畢業典禮的畢業生代表，在台北國父紀念館、盛大的畢業典禮中，代表所有畢業生致辭。許多同學後來對我說：「戴晨志，你這三年來變化很大！」

的確，藝專三年中，我很欣慰地說，我寫了三年日記，練了三年國語。

我希望，就算一路上遇上不少挫折，但仍能保持一顆努力不懈的心，天天練習、日日精進。

我必須承認，我不是天生口才好的人，但我憑著自己的興趣與毅力，不斷地向前輩請教，也不斷地自我鞭策、練習。在大家餐敘、哄堂大笑時，我默默記著別人幽默、雋永的話語；在開車時，我也聽著名家的演講錄音帶，學習他人的演講優點。

我相信——人的一生，就該專注在自己最有興趣、最想做的事情上！

從美國奧瑞崗大學畢業返國後，我在世新大學任教，也在各報章雜誌上發表文章；後來，這些口語表達的文章集結成書，取名為《你是說話高手嗎？》，未料竟廣受歡迎，成為暢銷排行榜上的暢銷和長銷書。

雖然出版已久，但這本書銷售三十五萬冊，可說是我生命的轉捩點！因為這本書，讓我有信心，繼續從事寫作工作，甚至辭去系主任之職，全心全意地寫文章、演講。

這輩子，我的英文、數學、物理、化學、歷史、地理……都不好，可是想想，「自己的人生跟數學、物理、化學有什麼關係呢？」說真的，我的功課，大概只有「國文、作文」比較好，而且，敢上台說話；可是，它竟成為我這一生謀生的最重要工具。

很多人問我，為什麼敢辭去大學教職，而從事專職寫作的行業？

其實，回首這段來時之路，我只能說——「我知道我走什麼路最近，做什麼事最能勝任、最快樂！我不想什麼都要，我必須放棄某些事，因為，專注於一，才能跑出第一！」

「**人輸在起跑點沒有關係，但總不能輸掉學習態度！**」

而這學習態度就是——「專注和毅力」。

只要專心把一件事做好，只要讓自己在某一領域成為「專家」，自然會有人來挖掘你、肯定你！

▼做個「跳遠第一名」的兔子

有一隻兔子，天生就很會「跳躍」，所以牠一直為「跳遠第一名」的榮譽，感到無比自豪和光榮。

一天，小森林的國王宣布，要舉辦運動大會。於是，兔子就報名參加擅長的「跳遠」項目；果然兔子擊敗了雞、鴨、鵝、小狗、小豬等動物，再次得到「跳遠金牌」。

後來，有一隻老狗告訴兔子：「兔子啊，其實你的天分資質很好，體力也很棒，你只有得到跳遠一項金牌，實在很可惜；我覺得，只要你好好努力練習，你還可以得到更多比賽的金牌啊！」

「真的啊？……你覺得我真的可以嗎？」兔子似乎受寵若驚。

「沒錯啊，只要你好好跟我學，我可以教你跑百米、游泳、舉重、跳高、推鉛球、馬拉松……你一定沒問題啊！」老狗說。

在老狗的慫恿之下，兔子開始每天練習「跑百米」、早晚也花時間練習「游泳」，游累了，又上岸開始「練舉重」；隔天，跑完百米，趕快再「練跳高」，甚至加練了「撐竿跳」。接著，又練推鉛球，也跑馬拉松……

第二屆運動大會又來了，兔子報名了很多項目，可是牠跑百米、游泳、舉重、跳高、推鉛球、馬拉松……沒有一項入圍，連以前牠最拿手的「跳遠」，成績也退步了，在初賽就被淘汰了。

是的，**「專注，才是成功的祕訣！」**

就像兔子一樣，其實，兔子「跳遠第一名」，就是專注在跳遠領域的「頂尖成就」，何必一定還要去跑百米、游泳、跳高、舉重、推鉛球、跑馬拉松……貪心地什麼都想要拿第一名呢？

▼專心，成為一個領域的專家

麥可喬丹，想必大家都知道他是全世界「最偉大的籃球員」，可是他有一陣子改打「職棒」，不僅是為了父親的遺願，也希望在職棒史上留名。

只是，他到職棒當外野手，表現平平，也老是「被三振出局」！

由於過去他是職籃的明星球員，所有鎂光燈都以他為焦點，不斷閃爍；改打職棒後，鎂光燈閃爍依舊，但卻是將重點放在「看他如何出醜？」最後在嘗試過後，他選擇放棄了職棒，回到職籃。

你專心嗎？你執著嗎？且讓我們記得——必須「學習專心、專注」。因為「好高騖遠」、「分散專注」是成功的大忌。

所以，我們這一生，不一定要拿「博士」學位，但一定要成為「專家」。因為，不管是從事哪個行業，都要成為「頂尖的專家」，才能出類拔萃、出人頭地、被高薪禮聘、挖角啊！

培養態度力

✧ 唯有「專精、專業」在自己領域，才是成功的保證。

✧ 要記得「用心在哪裡，成就就在哪裡」、「花多少時間，得多少功夫」。

✧ 專注、用心，才不會變成「一樣不專」、「一事無成」。

即刻行動，才能改變自己

很多人的「本來」，都期待有一幅美好、遠大的願景；但，「後來」遇見了困難、挫折，甚至是碰上了「撞牆期」，內心就選擇了逃避、退怯、放棄……

▼「本來可以……」，別讓這句話成為你的遺憾

一年寒假，我帶孩子到美國佛羅里達州旅行；對不熟路況的我來說，幾乎都得依賴GPS的導航，才得以到達目的地。

有一天中午，孩子想吃中餐，我們依GPS導航，來到了一家中式餐館。

走進餐廳，一位華人老婦人走了出來，想必，她就是老闆娘。她用英文問：

「幾位？」我則習慣用華語回答：「四位。」這麼一來，彼此就知道是華人。

當然，在偏遠的佛羅里達州，能遇上華人自然是很開心；而且，當我們說，我們是台灣台北來的，老闆娘更是高興，她說，她和先生是高雄來的。

「我們七〇年代就來美國了……」老婦人對我們說：「這個地方，華人很少，我和先生結婚後，就來這裡開餐廳，希望多賺點錢，再繼續唸書……」

老闆娘年紀大了，在外地遇鄉親，彼此講著華語，十分親切。

「可是，賺錢也不容易，我先生負責做菜，我負責招呼客人，每天都在忙，孩子也一個一個出生，就這樣三、四十年過去了，本來想再繼續唸書，也放棄了。後來，也就沒再唸了；現在，四個孩子也都長大，都在工作了……」

老婦人話匣子一開，把家裡的事都說了出來：「還好，孩子都很乖、沒變壞，都有不錯的工作；而我和先生，也就守著這個小餐館，打發時間。有時回台灣，反而會覺得不習慣……」

看著年老夫妻，守著昏暗的餐館。老夫妻，「本來」想多賺錢、多進修、多讀書；然而環境不允許，人生黃金歲月就過去了。

人生的「本來」和「後來」，常會有許多落差。

「本來」想奮發圖強，「後來」卻太懶、放棄了。

「本來」想努力學外文，「後來」還是沒啥成績。

「本來」想早起出發，「後來」卻睡過了頭。

「本來」想出國進修，「後來」卻不了了之……

人生有許多「本來」；本來都知道，但後來卻做不到。這，也常是人生的一大遺憾。然而，「面對挑戰，勇敢突破」，正是你我必須學習的一大課題啊！

▼改變，就是要「敢變」

我有一個認識多年的朋友，當時我只有三專學歷時，他已經自美國拿了碩士學位返國。我記得很清楚，當他回國時，真心地對我說：「小戴，你要繼續唸書哦，你只有三專學歷是不夠的……而我呢，我要先在大學教三年書，之後，我也還要再去美國唸個博士學位！」

這些話，深深印記在我腦海裡。然而，幾年後，我自美國獲博士學位返國，而他，至今三十多年過去了，仍然沒有再出國進修，只有碩士學位，也已經退休了。

當然，唸博士沒什麼了不起，只是我很感慨——當年他對我說話時的「雄心壯志」不見了；他不是苦勸我要繼續進修嗎？何況，他比我聰明，早就拿到碩士了，為何忘了他當初的誓言？

人生有很多事會讓我們「猶豫不決」，但也有些事情，機會一錯過，就不會再回來！但，只要肯付出、肯學習、肯勇敢向前，就會有改變、有收穫、有掌聲！

我這一生，一路走來，勤練自我表達能力、也常寫文章，讓自己成為「既能寫、又能講的人」，的確帶給我無限的好處。

在全台各地、甚至在海內外，我從原本默默無名的小子，變成一個經常受邀上台演講的人。看台下，有人讀我的書；站台上，有人為我喝采！我感受到「from zero to hero」（從零到英雄）的滋味！

而下了舞台、演講台，我知道，我必須歸零再充實、再學習！所以，我又

「from hero to zero」，自己靜靜地多方閱讀，以增廣見聞。

或許，有人說：「我沒時間練習，也不知道怎麼練習？」可是，我知道，有人可以放棄逛街、放棄看電影、放棄約會、放棄遊樂休閒……

的確，當我們選擇了一個決定，都會失去另一個、或多個機會，這就是所謂的「機會成本」。

但是，一個懂得「割捨」的人，必須做出正確的選擇、放棄其他可能的機會，不斷苦練，讓自己的口才更佳、更棒、更有魅力，也使自己和事業都更接近成功。

心理學家馬斯洛曾說：「**心念變，態度跟著變；態度變，習慣跟著變；習慣變，人生就大大改變！**」

▼目標和熱情，是點燃成功的火種

有一個父親告訴剛考上大學的兒子說：「兒子啊！你將來做事要大膽、要勇敢，絕不能瞻前顧後、畏首畏尾！當你年長時，回顧過去，你將會發現——後悔沒有做的事，總會比後悔做了的事多！所以，兒子啊，我要你寫出，你這一生中最想要做的二十五件事，把單子放在皮夾裡，你要經常拿出來看！你千萬不能忘記你的夢想……」

人生有很多事想做，但我們不能讓自己在上了年紀時，後悔自己──

「當初為什麼沒有勇氣去做？」

「當初為什麼沒有堅持去實踐自己的夢想？」

真的，**「人如果失去了勇氣，就失去了全世界。」**

「目標」和「熱情」，是點燃成功的火種呀！人有了「目標」和「夢想」，就要馬上寫下來，並為它訂定實際可行的行動策略，同時積極地去實踐它。

所以，想環遊世界，絕不是「用想、用講」的，而是要「用腳去付諸行動」。

想贏得跆拳道奧運金牌，就必須放棄玩樂享受，不停地帶傷苦練正踢、側踢、迴旋踢，不是嗎？

真的，**「人不怕慢，只怕站！」**當我們有了既定的目標，即使像個龜兔賽跑中的烏龜，也能到達目的地。因為，烏龜「slow but sure」，牠雖走得慢，但牠腳步穩健、步步向前啊！

所以，**「緩慢，也是一種速度，也是一種另類的到達！」**

人生只要認定目標，全力以赴，就是美好的抉擇，也都能為自己贏得人生的「金牌」。

培養態度力

✧「Nothing is free.Everything comes with a string attached.」（沒有東西是免費的；任何東西都是有附帶條件的。）

✧人生想做的事很多，但我們不能讓自己將來後悔說——「當初為什麼沒有勇氣去做？」、「當初為什麼沒有去實踐自己的夢想？」

✧人生，上半輩子「不猶豫」，下半輩子才能「不後悔」呀！太多的「猶豫」，就會帶來更多的「後悔」。

懂得創意與創新，才能創下卓越

卓越，固然可喜，但它畢竟是昨夜的事。
今天，是一個嶄新的開始。
我們不能將思緒一直停留在記憶中，而志得意滿呀！
我們每天都要——「歸零重來！」

▼創新思維，才能創下佳績

在《乞丐國王的時光指環》一書中，曾有一故事說道：

從前在瑞士與奧地利的邊界，有一位非常盡忠職守的瑞士守衛，他每天都仔細檢查來往的人員和車輛。有一天，一位奧地利男人騎著一輛腳踏車，要進入瑞士；

這守衛查看了他的護照，也仔細檢查了他車前裝滿沙子的大籃子，都沒問題。守衛懷疑這男子走私，所以特別仔細翻找，但就是找不出任何東西，只好放行。

第二天，奧地利男子又騎了腳踏車來，守衛又超仔細地翻找籃中物，但仍找不出什麼走私的證據，只好再予放行。就這樣，日復一日，這奧地利男子天天騎腳踏車，載著大籃子，進入瑞士。

近三十年過去了，瑞士守衛也到了退休年齡。在退休的前一天，守衛終於忍不住了，開口問道：「今天是我最後一天值班了，我天天都懷疑你走私，可是我始終找不出證據。你可不可以誠實告訴我，你是不是走私客？」

此時，奧地利男子很猶豫，不知該不該回答，但守衛說：「你老實說沒關係，我保證，我不會舉發你。」

「好吧，既然你這麼說，我就承認，我是走私客。」奧地利男子說。

「可是，我天天仔細檢查你的車籃子，並沒有發現什麼走私品啊？」守衛很驚訝地問道：「你到底走私了什麼？」

「我走私腳踏車。」

哈！當我看到這則故事時，我放聲大笑！這奧地利男子太厲害了！

他走私的，竟然是腳踏車——天天一輛腳踏車。

當然，我們並不是鼓勵走私，只是這寓言故事告訴我們，每個人都要有創新的頭腦和思維，不能墨守成規、一成不變，才不會讓生命困守城池、一籌莫展。

所以，只要有願景、有創意、肯努力，沒有人會窮苦一輩子。

因為——「**相信，就有力量；創新，就是財富。**」在困境中，我們怎能坐以待斃？每個人都要「化悲憤為力量」，用智慧殺出重圍、突破困境啊！

所以，我深信——「**有知識，才有力量！**」

而且，「**創意、靈活、彈性，就是新人類成功的本錢！**」

說真的，「吃苦、打拚」，可能是上一代的創業方式，但現在的年輕人，更需要的是「idea」（創新點子）。有了新點子，再加上「肯吃苦的堅持與毅力」，就能成為一個賣創意的「成功高手」。

▼獲得卓越後，要懂得歸零

歷史上獲得最多奧運金牌的田徑巨星，是美國的賽跑好手劉易士（Carl Lewis），他曾經稱霸體壇多年，是年輕晚輩所望塵莫及的。

在一九八四年洛杉磯奧運會中，劉易士贏得了一百公尺、兩百公尺賽跑、跳遠、四百公尺接力等「四面金牌」，而技驚全場。

三年後，他的父親因癌症病逝；在喪禮中，劉易士從口袋裡拿出了奧運會百米賽跑金牌，放在父親的手中，對著父親說：「這個金牌陪著你到天國，因為這金牌是你最喜歡的項目！」

當時，他的母親很訝異，問他為何要這麼做？劉易士說：「媽，沒關係，妳相信我，我還會再贏得另一面金牌！」

為了悼念亡父，劉易士將金牌與父親的遺體一起埋入土裡；帶著這份堅定的信心，劉易士後來又在漢城奧運會中，再贏得一面「百米賽跑金牌」。

錄。

他這一生，總共在奧運會中，奪下「九面金牌」，也創下無人可及的空前紀

不過，話說回來，有時我們得了第一名、冠軍或金牌，都只是一時的榮耀，它並不是永遠幸福的保證啊！看一看過去許多叱吒球場的棒球國手，有些後來成為清潔隊員，有些開小店、賣小吃，生活只求溫飽而已。

而阿根廷著名的足球明星馬拉度納，曾經因高超的球技而聞名全世界，但後來卻吸毒過量，導致心臟衰竭，心跳和呼吸一度停止，生命垂危。

您知道嗎，「**卓越等於昨夜，每天都要歸零重來！**」

卓越，固然可喜，但它畢竟是昨夜的事；今天，是一個嶄新的開始，我們不能將思緒一直停留在記憶中，而志得意滿呀！

我有一些朋友，很高興地考上了「高考」或「特考」，因為那的確是很不容易考上的。可是，在公家單位裡工作了十年、十五年，日復一日，天天朝九晚五當個公務員，等上班、等吃飯、等下班，做事沒衝勁、心情很鬱卒，真的有「懷才不遇、有志未伸」的感覺。

古人說：「苟日新、日日新、又日新」，可是，有時人在一個沒有動力和衝勁的環境裡待久了，缺少推動力，真是會讓鬥志消失啊！

一個人若不創新、不改變、不換新思維，一成不變，就如同一輛車子不換機油，會把引擎燒壞呀！

相同地，咱們人生的陀螺，千萬不能停呀！停了，就倒了，就不動了！

所以，「**卓越，等於昨夜，今天，一定要創新！**」即使把金牌埋葬掉了，也無所謂，只要擁有傲人的實力，我們依然能再拿下閃亮的金牌。

我很喜歡遠見．天下文化事業群創辦人高希均教授曾說過的一句話：

「人生的終點，不是死亡，而是與知識絕緣的那一刻；人生的起點，不是誕生，而是與知識結緣的那一刻。」

真的，「學習，能讓我們再年輕一次。」而持續不斷的學習，才能奠定我們發揮創意、打造創新思維的厚實基礎！

培養態度力

- 停止學習、停止創新思考，就有如停止生命。
- 人如果只空想、不突破、不創新，就會坐以待斃。
- 只要我們有心，每天閱讀一小時，吸收新知，則我們一定會更加「氣宇非凡」。

即使事小，也要好好完成

人生總有起伏，起的時候，你可能是舞台上最亮眼的主角；落的時候，可能是無人問津的小配角。但只要做好自己的角色，即使是配角，也能閃閃發光。

▼「一絲不苟」地扮演好自己的角色

耶誕節前夕，小侄子打電話來，邀請我和內人一起到教會，參加耶誕晚會。小侄子很興奮地說：「叔叔，你一定要來喔，我有上台表演哦！」

聽到唸幼稚園的小侄子如此真誠、熱切的邀請，也想到他天真可愛的模樣，站到舞台上，又有聚光燈照射，一定十分討人歡喜。

晚會當天，我和太太準時前往教會，和嫂子坐在台下觀看表演。

小朋友鋼琴、小提琴獨奏、獨唱，以及舞蹈，小侄子都沒有上台；直到最後「舞台劇」開演，才發現，小侄子站在台上，手撐著道具樹幹、樹葉——演「一棵樹」。只見小侄子面帶笑容，認真地「當一棵樹」，也對著台下的我們微笑。

第二幕，男女主角精彩對話後，台上出現「一隻狗」；咦？表演狗的小朋友，不就是小侄子嗎？他彎著腰，帶著「道具狗」的外殼，一絲不苟地按照老師要求的動作，在台上爬來爬去。從頭到尾，他大概彎腰久了，臉紅通通的；儘管他沒有一句台詞，但臉上依然露著可愛的笑容。

晚會結束後，小侄子高興地跑來問我：「叔叔，你有沒有看到我在台上？我表演得好不好？」

說實在的，我原以為小侄子會當「男主角」，會和漂亮的「女主角」表演精彩的「對手戲」，可是，他竟然只站在台上演「一棵樹」和「一隻狗」。但是，小侄子在台上那麼可愛、那麼稱職，我又怎能傷他的心？所以，我就摸摸他的頭說：「你在台上笑得很可愛、表演得很好，大家都很喜歡看你！」

而在一旁的嫂子也指著小侄子對我說：「他被老師選上後，就很高興，每次排練，他都一定嚷著要準時到；有時候，男女主角遲到很久沒有來，他就跟老師說『可以先排演我的呀！』結果，老師說『樹』和『狗』不必排演啦……！可是他卻嘟著嘴說『樹和狗怎麼不用排演？一樣也都要排演啊！』所以他就扛著『道具樹』，站在台上，很高興地站著，自己排演……」

▼當一個盡責的配角也很重要

記得到泰國旅遊時，曾在芭達雅看到「人妖秀」的表演。站在舞台中的「女主角」，姿態曼妙、光彩奪目，輕鬆就能抓住觀眾的視線。而舞蹈群中，還有一大群「小配角」，則是在一旁伴舞，但是相較於主角，顯然比較難抓住觀眾的目光。

可是，我忽然發現，第一排的小配角中，有一位表演者好可愛，從頭到尾，一直滿臉笑容，舞蹈也一絲不苟，不像其他小配角，因觀眾目光少，就動作隨便或懶得微笑。

說真的，在那場秀中，我好喜歡那位表演者哦！「她」雖然不是主角，但是「她甘於當小配角」，認真、愉悅、稱職地扮演好她的角色；所以，一直到離開泰國多時的今天，我腦海中仍清楚記得「她」討人喜愛的模樣。

其實，如果「配角」扮演得很好，也會有很多人激賞啊！奧斯卡金像獎不就有「男女配角獎」嗎？相反地，若擔任「主角」大任，卻演得不好，大罵的人更多呢！

想起小侄子，興高采烈地站在台上當「一棵樹」、「一隻狗」，他雖然沒當主角，但卻「滿心歡喜地肯定自己的存在」，也「一絲不苟、不偷懶地扮演好自己的角色」，這豈不就是人生中最可貴的信念嗎？

▼小事，也要認真做

大約在幾十年前，中國有個王姓年輕人，因家境貧窮，就投入軍旅，到部隊去當小兵。在那流離的年代，部隊很窮，為了使阿兵哥有較好的伙食，部隊長官就叫小兵去「養豬」，讓大夥兒有時能吃個豬肉，打打牙祭。

可是，「養豬」是一件辛苦的工作，大部分人都寧願保養槍枝、管理彈藥，也不願去豬舍養豬。

有一天，長官叫道：「小王，你去餵豬！」小王一聽，沒有嘀咕、也沒有不悅，二話不說，就放下手邊事務，小跑步地，跑到豬寮去餵豬。

但小王跑去餵豬才沒多久，長官的傳令兵又跑了過來，對他說：「小王，長官叫你現在去開車！」

「啊？……不是才叫我來餵豬嗎？我還沒餵完，怎麼又叫我去開車？」小王有點不解，不過，他也趕緊放下手邊工作，快步地跑向長官報到。

後來，長官才透露——每個被叫去餵豬的阿兵哥，人人都是「臭著臉」，一副心不甘情不願的模樣；唯獨小王，當他被叫去餵豬時，是滿臉喜悅，而且是小跑步地去做！所以，當長官看到小王「跑步餵豬」的態度時，就打定主意，提拔他去做責任重大的駕駛兵！

後來，小王深受長官信賴，也不斷地升遷，最後，他成為「運輸大隊大隊長」。

人生總有起伏，而且，在起步的時候，總是做些最卑微的工作，就像在軍中餵豬、或是掃廁所，可能都是我們所不喜歡的工作！可是，別忘了——「**樹，是澆冷水長大的！**」我們一生當中，也經常被澆冷水、潑冷水；但是，即使是「冷水」，也會讓我們不斷地茁壯、成長啊！

在成長的過程中，我們要找對學習目標，不斷地汲取他人的寶貴經驗。就如同，即使是「跑步餵豬」，都讓我們學習到做事認真、負責、不抱怨的精神！（小王後來退役，成為一家保險公司總經理，這是他告訴我的真實故事。）

培養態度力

- 我們凡事都要為自己負責，千萬不能隨隨便便騙自己。只要堅定信念、「持之以恆」，朝著既定目標前進，就能邁向成功。
- 「不怕近視，只怕短視；不怕遠視，只怕沒遠見。」
- 人生最大的光榮，不在於「永不失敗」，而在於「屢仆屢起」、「屢敗屢戰」。

穩健踏實地朝目標邁進

人，沒有「信念」，就不會有「奇蹟」。人，若有堅強的信念，就能創造奇蹟。所以，「只要有願景，就不怕日子苦！」、「只要找到路，就不怕路遙遠！」

▼穩紮穩打，才能建立厚實基礎

國際名導演李安，因拍出《囍宴》、《臥虎藏龍》、《少年Pi的奇幻漂流》等精采電影，獲得極佳票房與讚譽，但他在接受記者訪問時曾說，他每天都「帶著危機感在拍片」。

為什麼？因為他已經是國際知名的大導演，但假如他在拍一部新片子時，不夠用心、馬馬虎虎、隨隨便便，最後觀眾評價不高，甚至票房不佳，則他好不容易累積的英名，就可能毀於一旦。

所以他說，他每天拍片時都「戰戰兢兢、小心翼翼」，不容自己有絲毫的「疏忽、大意」。

真的，好高鶩遠、粗心大意、好走捷徑，常讓自己「誤入險境」；毛毛躁躁、一心兩用、做事不專，也會使自己「事倍功半」。所以古人告誡我們——

「實處著腳、穩處下手。」

「事以急躁而敗者，十常八九。」

一個人，就像屋子一樣，不能只講究外表、注重華麗；因為虛華的外表是一時的、是短暫的，可能在一陣「震撼」之後，變成鬆垮無存的屋殼。

所以，一個人若「追求外在、疏於打底」，或「只拉關係、不重實力」，則有一天，終會被颱風吹倒、擊垮，最後成為「樹倒猢猻散」。

因此，做個穩健、踏實、有實力的人，才能紮實地一步一步前進。

▼「信念」是前往目標路上的指南針

美國有個黑人小孩名叫羅傑，他和其他鄰居的孩子一樣，很愛玩、不愛唸書，整天玩得灰頭髒臉。而他唸書的小學校長，自稱很會「看手相」，也常利用看手相的機會，來激勵學生。

一天，校長看著小羅傑的手，對他說：「我一看你修長的小姆指，就知道你以後會當上紐約州長。」當時小羅傑好驚訝，又很興奮，因為他只聽過老奶奶說，他以後會當「五噸重的小船船長」，現在，校長竟說他會當上「紐約州長」。

從此「紐約州長」一詞，就不斷激勵著羅傑，他的衣服不再髒兮兮，也不再說髒話、或和同學鬼混，而是開始循規蹈矩，用功唸書。而且在往後的四十多年當中，他不斷地自我要求，期許自己有一天能成為紐約州長。

在五十一歲那年，羅傑經過艱辛的選舉，創造了奇蹟——他，成為紐約州歷史上的「第一位黑人州長」！

在就職演說中，羅傑告訴民眾：「『信念』這個東西，值多少錢呢？其實『信念』很不值錢，有時，它甚至只是個『善意的欺騙』！但是，如果你不斷地堅持下去，它就會快速地升值，最後變成無價之寶！」

其實，「信念」是一個人成功的最重要因素；沒有「信念」，人如何打仗？或許，我們可以閉上眼睛，想一想──「這輩子，我最想要什麼？最想做什麼？我做到了嗎？如果我不行動、不開始，我做得到嗎？」

真的，我們必須自己訂下目標、為自己造夢；然後，我們一生的任務，就是要「為信念而戰」、「為目標賣命」！

只要用心去做，腳踏實地去做，那麼──「**把時間用在哪裡，成功就在哪裡！**」

「信念」就是「魔力」，帶領著一個人不斷地向前邁進。有些學生原本成績不怎麼好，卻也唸了博士；也有些曾經作弊而改過的學生，也留美拿碩士回來！

真的，**只要堅持信念，不放棄目標，「行情」一定會在絕望中誕生呀！**

▼設定目標後，要馬上行動

有了信念、有了目標，接著，就要馬上行動。

很多人都知道——要努力、要進修，要把英語學好、把鋼琴彈好、把考試考好、把工作做好……然而，知道歸知道，卻是「有心無力」、「虎頭蛇尾」、「一曝十寒」——心知道，力卻做不到。多麼可惜啊！

人就是要有「信心、決心」，也要有「耐心、恆心」，不能老是三心二意、猶豫不決、心有餘而力不足呀！

所以，我們就是要設定目標，心中充滿著企圖與渴望，甚至把「目標大聲說出來、寫出來」！自己每天充滿著渴望和朝氣，絕不氣餒、絕不退縮，也要向著自己的目標，勇往前進。

培養態度力

✧「堅持，會讓夢想付諸實現；放棄，會讓夢想付諸流水。」

✧人要學習辛勤、努力的「蜜蜂」，沒有時間抱怨、悲哀、自嘆！

✧「全心投入，才能深入；全力付出，才能獲得！」

打敗惰性，一步步向前邁進

死亡所指為何？是指「腦部」停止活動的時刻？還是指「心臟」停止跳動的時刻？假如，死亡是指「腦部停止活動」，那麼，「懈怠、懶惰」會是一種慢性自殺；因為這種負面態度，會不斷地浪費時間，使人的生命慢慢地乾枯、毀滅！

▼「懈怠、懶惰」是一種慢性自殺

不知道大學生是否都有相同的一些經驗——

第一學年——新鮮人，奮發圖強，六點半起床，盥洗完畢，穿好衣服、吃完早點，從容不迫地到教室，上八點十分的第一堂課；挑個好位子，等待老師來上課。

第二學年——八點起床，漱口刷牙完畢，沒時間吃早餐，怕老師點名，匆忙趕在八點半前衝到教室。

第三學年——九點起床，帶著牙刷牙膏趕到學校，至少得在九點半第二堂課時抵達教室，向老師隨便編個理由，說摩托車壞了、路上塞車……

第四學年——十點醒來，從被窩裡伸出腳趾頭，探試溫度；哎唷，太冷了！這種天氣不用上學！腳趾縮回，蓋上棉被，繼續睡覺。

再醒來時，一看，十一點半了，吃飯時間到了，先去吃午餐再說吧！

哈，好像不少人都是這樣度過大學生涯的。

心理學家佛洛依德（Sigmund Freud）指出，人天生就有「追求快樂」和「滿足慾望」的本能，這就是所謂的「本我」（id）。

所以，在「**唯樂原則**」（pleasure principle）的支配下，人們經常追求立即的快樂、享受和滿足，例如：吃好吃的東西、愛漂亮、好逸惡勞、少做多睡……

然而，人們在受到道德規範、風俗習慣、法律與文化教育的薰陶之後，「**道德**

原則」（morality principle）就告訴我們——人必須要努力工作、不能好吃懶做；要奮發圖強、追求理想……這就是「**超我**」（superego）的表現。

所以，懶，是人類的最大敵人，也是我們心中的「本我」，總是希望自己輕輕鬆鬆，不必付出太多，找工作也要「事少、錢多、離家近」；然而，天下事很少能不勞而獲，而是必須——**利用我們心中的「超我」，來克服心中懶的惰性，且不斷地努力、創造機會。**

以前在學校唸書時，一名教授就告誡我們：「各位同學，年輕是人生最大的本錢，大家一定要把握時光，趁年輕時多專心唸書，不要像我一樣，大學時代好玩、談戀愛，『由你玩四年』，搞到現在才覺得『書到用時方恨少』，真是後悔莫及啊！」

可是，後來「哲學概論」的教授又語重心長地告誡大家：「同學們，年輕是最寶貴的，青春一去不再來啊……所以，能玩就儘量玩，能跳舞就儘量跳，不要一天到晚像書呆子一樣死讀書，讀到最後，不懂得享受人生！像我到現在，想玩也來不及，太老了！」

下課後，同學們就相互討論，到底兩位教授誰講得比較正確、有道理？

一位同學搶著說：「不玩，只能當教授；努力玩，也是當教授。我看，那麼我們就『能玩儘量玩』吧！反正最後都是當教授，薪水都差不多！」

哈、哈，你認為呢？

一位醫學院教授在下午第一堂課上課，所以有不少學生在打瞌睡。

這位教授看到昏昏欲睡的學生，心裡很不高興地說：「死亡的定義，一直受到爭議；死亡，到底是指『腦部』停止活動的時刻？還是『心臟』停止跳動的時刻？這兩種說法，似乎是見仁見智。假如死亡是指『腦部停止活動』，那麼，我不得不宣布——我們這一班同學，有很多人現在都已經死亡了！」

聽到這故事，我不禁自問：「我會不會也已經死亡了？」不，不，不能死亡。

「**懈怠、懶惰」是一種慢性自殺**，因為這種負面態度，不斷地浪費時間，會使人的生命慢慢地乾枯、毀滅。

所以，我們知道，**因廢物利用或撿拾垃圾而成功、致富的人很多；但是，因「懶惰、貪睡、懈怠」而成功的人，卻沒有聽說過，不是嗎？**

▼做與不做，決定你的今天與明天

曾經任職美國柏克萊加州大學校長的田長霖，是美國名校史上第一位出身少數族裔的校長，但他過去和其他留學生一樣，講英語時帶著很重的「外國腔」。當他初任教職時，許多學生常抱怨「聽不懂」，因為田長霖除了「怪腔」之外，英語文法結構也不標準。

為了改進自己的缺點，田長霖將他自己上課的內容，用錄音機錄下來，回家後再一遍遍地重複聽，並一字字地改正。

田長霖心想，既然我的英語「破」，學生不易聽懂，那就多使用投影片、黑板，也在講義內容上多下功夫。由於他的上課重點清楚、條理分明，雖然英語有「怪腔調」，但也是惹得大家捧腹的笑料，所以他上課十分有趣，贏得學生好評。

有一位後來成為美國大學名教授的學生，在一次見面中對田長霖說：「我以前聽您的課時，大概只聽懂百分之七十，我必須自己下苦功去研究另外的百分之三十；不過，您的講義、黑板內容非常充實，引人入勝，使我們願意去弄清楚那些不懂的部分……有些教授上的課，我們可以百分之百聽得懂，但是他卻沒有準備、內容貧乏、不知所云……」

田長霖以前雖然「怪腔怪調」，但他的講課方式卻在校園「出了名」，所以教書不到三年，即獲得全校票選的「最佳教授獎」。

其實，田長霖所表現出來的，就是「**一定要有達成目標的習慣**」。

我們常常是個「差不多先生」，只要「日子過得去」、「馬馬虎虎」就好。但，人不是東西、不是物品，不能永遠在一個點上「定格、停滯不前」；人一定要有方向，不斷「踩著自己願望的油門前進」，活出自己精采的風格與生命。

「要有設定目標、使命必達的習慣」，是我常惕勵自己與勉勵學生的話；而且，這個目標不能是「低標的」，而是要「高標的」；因為，我們不能「比爛的、比差的」，而是要「比更強、更好的」，才能不斷進步啊！

正因為對自己有「高標準」的要求，田長霖才能揚名國際、成為大學校長。所以，成功的「真正殺手」是誰呢？是我們「畏懼失敗、懦弱逃避」的心啊！

相反地，一個相信自己毅力、秉持「烏龜精神」的人，其力量將「超過萬馬千軍」，也必能達成目標！

培養態度力

✧ 「懈怠、懶惰」是一種慢性自殺，會使人的生命枯乾。

✧ 多利用心中的「超我」，來克服懶惰的本性。

✧ 成功不是靠「夢想」，而是靠「實踐」。只有專注用心、踏實苦幹，才能投資出最棒的自己！

往好的方向看，遇事不亂

我們心中的苦楚，百分之九十是可以放下、是可以不用承受的呀，只要我們多正面思考，多用真愛、真心、耐心來對待。

▼樂觀的人，永遠有路可走

曾經有一則故事——

過去班上有位女生，正輪到她上台做期末口頭報告時，剛好下課鈴響，老師就說：「下堂課再報告吧，我們先下課。」

休息時，這女生對朋友說：「我覺得這門課，我的成績一定很差！」

「為什麼？」朋友訝異地問。

「因為，我覺得老師對我不好……他回答其他同學時，都是笑嘻嘻的，可是他很少對我笑；而且，他剛才也不讓我上台報告。」這女生難過地說。

「拜託，妳不要神經過敏好不好，妳平常很少發問，老師當然比較少笑嘻嘻地對妳講話啊！而且，剛剛是下課了嘛，老師不是說下堂課再讓妳上台報告嗎？」

「可是，以前別人問問題時，遇到下課，老師還不是一直講？」

「哎喲，那是人家已經問了問題，老師當然要先回答完再下課啊！但妳還沒上台報告，下堂課再開始報告，沒什麼不對啊！」朋友說。

畢業後，這女孩到一家公司應徵。面試完，這女孩又對朋友說：「我一定不會被錄取的！」

「為什麼？」朋友問。

「因為面試時，那主考官對我面無表情，笑也不笑，也不點頭，他一定覺得我回答得很糟糕！」女孩傷心地說。

後來，公司寄來通知，她被錄取了。

「妳看，妳就是太沒自信了，妳表現得很好嘛！」朋友說。

「才怪呢！要不是那主考官同情我，就是別人覺得這家公司有問題，不願意去，才會輪到我被錄取……」

天哪，聽這女孩講話真是有夠累，她老是一點信心都沒有，總覺得自己是說錯話、做錯事的小孩，沒人喜歡她。

「這個世界，是屬於有自信的人的！」

我們如果對自己沒信心，忽視自己也有許多優點，我們如何坦然地與別人溝通？我們必須相信自己是「很棒、很有能力的」；假如連我們都認為自己不好，別人怎麼會認為我們很好？

美國羅斯福總統的夫人愛蓮娜，是她家族裡長得比較不漂亮的醜小鴨，但她說：**「除非我自己同意，否則沒有人能讓我自卑。」**

是的，人不能自卑，也不能「自我囿限」地退縮，縮在一道牆裡面；只要充滿自信，「醜小鴨」也一樣有魅力啊！

人，必須懂得自我肯定、自我強化，不要一直「囿限於自己的短處」，而是要懂得發揚自己的長處啊！

因為，「這個世界，是屬於有自信的人的！」

▼樂觀，是人生唯一的解藥

在遇見困難、挫折時，若能用樂觀、開心、積極的態度來面對，遇事不亂、循序漸進，就會使心情逐漸好轉；相反地，若是推託卸責、易怒生氣、消極面對，則會使情況愈顯困頓。

所以，「樂觀，是人生唯一的解藥。」

生氣、暴怒、自怨自艾、推卸責任、找藉口來合理化……都是人之常情；但，我們也都在學習——遇事從容、臨危不亂、循序漸進，絕不能讓憤怒、悲傷、失控的負面情緒，占據我們的心情太久。

▼穩健計畫，才能抵擋變化

一個成功的人，要有兩隻敏銳的眼睛——一隻是觀照內在的自己，另一隻是觀察外在世界的環境，而找到自己最大的優勢，穩住陣腳，再出發、再前進！

然而，這其中最重要的是，要有循序、穩健的計畫；因為，**「沒有計畫，很難抵擋變化呀！」**

在低潮時，心裡充滿的思維，難免都是生氣、怨懟、憤怒、不平的。可是，這些「負面思緒」若占據我們的腦袋太多、太久，我們就會愈走下坡。

所以，每天早晨一醒來，我們可以有兩種選擇——你可以選擇心情愉快、積極前進的一天；或是，你可以選擇心情糟透、繼續生氣抱怨的一天。

相信，我們都會有明智的抉擇。

因此，**遭遇困難時，別驚慌、別短視、別煩惱；該煩的是，沒有從容和遠見。**

人要有知心、志同道合的好朋友。可是，好朋友或貴人，並不是天上掉下來的，而是自己努力主動積極去學習、去投資、去經營人脈而得來的。

人，只要準備好了，抓住機會，就一定會紅。

臨危不亂、循序漸進、壯大自己，才能成就更富足、精彩的人生。

所以，在低潮不順時，別暴躁、自棄，而要轉念——「太好了、太棒了！」

同時，也告訴自己——**「別氣餒、別軟弱；睡一覺，明天仍然充滿希望！」**

培養態度力

✧ 悲觀的人，永遠無處可去；樂觀的人，永遠有路可走。

✧ 「信心和毅力」一定會帶領我們，走向傑出的坦途！

✧ 肯定自己，就是自信，也是生命中最重要的部份，若少了它，人的生命都會癱瘓啊！

反思錯誤，為自己做的事情負責

我們如果不知道自己的缺點，則我們內心中「20%的缺點」，可能會把「80%的優點」狠狠打敗啊！畢竟，一個「優點多的人」，並不保證一定能成功啊！

▼這玻璃是你自己踢破的，你要自己賠

在美國，有一群小孩子在街上玩踢足球，可是，大夥兒玩得太盡興了，其中一位十一歲的小男孩突然用力一踢，把足球踢到一家商店的玻璃窗上，只見「砰！」一聲，整片玻璃應聲碎裂。此時，這一群小孩都嚇得跑掉了！

不過，商店老闆經過查訪後，找到了肇事的十一歲少年，也找上了少年的父

親，要求賠償玻璃的損失。當然，破壞別人的東西，是一定要賠償的，少年的父親是個明理的人，自然也就為孩子的過錯，賠給商店老闆應付的金錢。

不過，這父親也把這筆帳記在孩子的身上，並告訴兒子說：「這玻璃窗是你踢破的，你必須自己負起賠償的責任；現在，我已經幫你先墊賠給老闆玻璃錢了，可是你要利用週末假期打工，賺了錢，再把錢還給我！」

這少年聽了，點點頭。後來，他打了一整個暑假的工，賺了美金十五元，才還清了這筆玻璃債。長大後，這年輕人進了演藝圈，後來，他當上了加州州長，也當上了美國總統！他，就是雷根總統。

雷根成為總統之後，還常提起他年少時的往事，他說，**父親教導他要做個「有責任心的人」——為自己的言行負責、為自己的說話負責，凡事都要為自己負責！**

曾有位母親告訴我說，女兒跟她鬧彆扭，責怪媽媽不願幫她繳納一個月近兩千元的手機電話費。可是，為什麼媽媽必須幫女兒代繳呢？怎麼自己不能為自己做的事負責呢？

多年前，我前往高雄六龜山地育幼院參訪；在那裡的小朋友，都是因為父母過世、或家庭發生變故、經濟能力不好，才被送到那兒；可是，在走廊公佈欄上，我看見一大張紅色海報，上面寫著——「賀本院院友×××甄試考上台大中文系」。看著這張海報，我心中一陣感動，眼眶也不禁紅了起來！

有些孤苦無依的孩子，可以因自己的努力與毅力，而考上一流學府，可是，他們父母不在了，他們向誰伸手要昂貴的手機費呀？豈不知「凡事要為自己負責」？

曾看過一句話——「你要永遠做贏家！」做贏家，不是要打敗別人、講贏別人、或鬥贏別人；**而是要「挑戰自己」、「超越逆境」，做個「生命的大贏家」，也創造出「生命的大奇蹟」！**

所以，人要隨時保持清醒，知道自己「正在做什麼」；也要凡事「為自己負責」，不能讓自己身上藏住一個可惡的「小偷」，偷去我們「努力向上的信念」、偷去我們「堅持奮鬥的目標」、偷去我們「為生命負責的自我良知」啊！

每個人都必須為自己的人生負責，絕不能說：「唉，我的命就是比別人苦」、「我們家就是窮，沒有好背景……」我們自己的生命，必須「自我承擔」啊！

我們絕不能「自我欺騙、自我安慰」地苟活於舒適圈之中，必須通過自己「最嚴格的審核」，把學業、工作做好，激發出傲人的潛力，讓生命大大發光！

▼成功的關鍵，在「不庇護自己的缺點」

《說苑》一書中，有一則寓言故事，大意是：一隻貓頭鷹在天空飛翔時，碰到了一隻斑鳩；斑鳩就問道：「貓頭鷹啊，看你一副急急忙忙的樣子，你準備要飛到哪裡去啊？」

「我呀，我正要搬到隔壁村去住呢！」貓頭鷹說。

「這裡就是你的故鄉，你為什麼要搬家呢？」斑鳩又問。

「我……我在這裡實在是住不下去了，這裡的人水準都很差，全都討厭我在晚上唱歌呀！」貓頭鷹委屈地說。

這時，斑鳩對貓頭鷹說：「你唱歌的聲音是不太好聽，在夜裡常打擾到別人睡覺，難怪人家會討厭你！如果你能改變一種聲音，或不要在夜間唱歌，大家就會喜歡你了；不然，你搬到隔壁村去住，隔壁村的人還是一樣會討厭你啊！」

是的，**一個人的「缺點不改、個性不改」，只會一味地「埋怨環境、責怪別人」，如何使自己成長呢？**

古今中外的偉人或成功者，其關鍵**往往在於「能發現自己的短處」，而且，有決心、有勇氣，來「改正短處」、「戰勝自己」**。

所以，美國前總統尼克森曾經說過一句話：「人類的知識和科技，已經征服了『外太空』，但是，卻無法征服人們心裡的『內太空』。」

的確，人們心中的「高傲、偏見、短視、容易發怒、自以為是、意氣用事、好高騖遠、虎頭蛇尾、好逸惡勞、怨天尤人……」等等，都是阻礙我們邁向成功的「負面性格」，也是知識與科技無法改變的「內太空」；而這些內太空，都必須靠我們自己盡快去改正、去克服啊！

所以，我不希望人家說我：「這個人很聰明，但就是懶惰、驕傲、沒恆心……」

我寧願人家說我：「這個人不是很聰明，可是他很勤奮、很上進、很積極……」

您說是嗎？

培養態度力

✧ 人的眼睛常「只看到別人的缺點、挑別人的毛病」，卻很少「看到自己的缺點、挑自己的毛病」。

✧ 「生的方式由上帝決定，活的方式由自己決定！」

✧ 「對刻苦成功的人來說，缺陷是一個勝利的榮耀；對自怨自艾的人來說，缺陷是一個不幸的標誌。」

「有心、有願，就有力。」、「敢想、敢要，敢得到！」有夢想的人很多，但真正用行動去造夢、圓夢的人很少。

只要有顆「力求完美」的心，就會讓我們「全心準備、專心投入」！

「用心準備」是一個會讓我們受益一輩子的好習慣！用心準備愈多，人就愈容易成功啊！

ch.2

挑戰

才能蛻變成更好的自己

充實自己的道路沒有盡頭，

不斷學習、不斷實踐，

透過每一次的進步，

往理想中的自己邁進。

學習前的重點提醒——做好基本功

學習不能速成、不能囫圇吞棗，也不能用馬虎的態度對待。做好基本功，打下穩固地基，才能在面對競爭的時候，適者生存。

▼學習不能應付，要全力以赴

以前在大學任教時，我不太放任學生隨意翹課，所以我規定——我不會在每次上課時點名，但只要在我抽點時，學生有三次缺席，那就一定「死當」。

我認為，我的規定並不嚴苛，因為是學生自己要來選修我的課，並不是我強迫學生來選修我的課，所以我用心來上課，學生也必須用心學習，不能太隨便；如果太過隨便，就不可能將課業學好。

後來，有三、四個學生在學期不到一半，就已經被我死當了。可是，一年後，有一位被我死當的女生，竟然又來選我的課。課堂上，我很訝異地問她，為什麼還要來選修我的課？

這女生站了起來說：「戴老師，去年我被你當掉，我曾經很討厭你，覺得你為什麼那麼不通情理，我要不要來上課是我的自由，而且很多老師都是不點名的啊……可是，後來我冷靜地想一想，也想通了，我自己真的太混了，經常睡懶覺，或翹課出去玩。老師，你把我當掉，也把我打醒了，我知道，我不能再那麼混了，我再混下去，可能就會被退學了……謝謝老師！」

哇，這女生當眾說出的一席話，真是讓我感動！她不僅願意反省自己，並且「公開承認自己的不好、不對」，坦然面對錯誤，還真心地感謝老師。

▼「守時」很基本，卻是體現態度的大事

記得我在美國研究所唸書時，有位熱門教授的課，總是吸引一大批學生選修；

可是，這美國教授嚴格規定人數，超過三十個人就不再收學生，所以也有許多「後補選課」的學生，期待還有機會選上這位教授的課。

在開學後第一次上課時，大部份了解這位知名教授個性的學生，在上課鐘響之前，就已經坐好在教室裡，而教授也已經來了。等到上課鐘響完畢，教授就大聲說：「好了，還沒有進來的學生，就等於自動放棄上課資格，現在開始遞補『後補選修』的學生……」

後來，有些已選修、卻遲到的學生匆匆地趕到了，可是，再怎麼哀求教授讓他們上課，教授只是冷冷地說：「對不起，你的上課資格已經被取消、被遞補了，因為，你不應該遲到，明年再來吧！明年請早！」

美國的教授是很有威嚴的，他所說的話，就是「遊戲規則」；如果你想玩，不管你喜不喜歡，都必須遵守！

▼沒有魔法，只有基本功

有一句話說：「No magic, just Basic！」的確，「**沒有魔法，只有基本功！**」一個人或集團的成功，哪能靠什麼「魔法」呢？如果「基本功」不好、學習態度不佳，即使有再多的「魔法」，也無濟於事啊！

一個學生若只想翹課，只想混水摸魚、求個學位，如何習得生存的基本功夫？一個員工，如果不盡心盡力做好自我角色和基本功，如何將產品做到盡善盡美？出了錯，員工就必須接受處罰，不必辯解；學生太混了，也應該重修，嚴重者也應退學，這是天經地義的啊！

有些人討厭老闆，覺得為什麼處罰他、甚至解雇他；有些人討厭老師，覺得為什麼刁難他、或死當他？然而，人的生命豈能容許自己瞎混、翹課、漫不經心，而時常出現瑕疵？我們的生命不能一直隨便彩排、不斷出錯呀！

人的生命，每天都是「現場直播」、也都是必須「用心面對」的啊！

▼物競天擇，適者生存

中國近代的譯學家嚴復，翻譯十九世紀英國生物學家赫胥黎所著的《天演論》（Evolution and Ethics），其中一段——「Natural Selection, or Survival of the Fittest」，嚴復譯為「物競天擇，適者生存。」

哇，這真是「信、雅、達」兼具，無懈可擊的名句啊！

「**物競天擇，適者生存**」，這句話原本是指生物界的自然演進的現象，但，這句話應用在我們人的社會，也是很適合的。

人沒實力、沒才華，終將被時代洪流所淘汰！怨誰？只能怨自己——「沒憂患意識、沒先見之明、沒三把刷子、不知事先未雨綢繆……」

真的，物競天擇，只有最適者才能生存呀！

精進成長力

✧ 人都要有「敬業度」，就是做事、學習的認真態度。

✧ 「人生，沒有回程票。」人生只能一直往前走，直到終點，所以更需要「認真、用心面對」。

✧ 做一個「懂得虛心檢討自己缺失的人」。

知識＋行動力，才能跨出舒適圈

每個人都知道，要「腳踏實地、用心學習」，可是，「知道」到「做到」之間的距離，可以是很近，但也可能很遠。

只有將「知識」結合「行動」，才能讓自己壯闊地航行……

▼知識不限於課本，處處都可以是教室

以前在藝專念書時，我常在課暇之餘，到其他大學旁聽其他教授的課程，也到校外許多演講的場合，去聽各行各業專業人士的演說。

我覺得，聽名人、專家的演講很快樂，可以吸收別人一生的專業精華，又可以認識一些不同行業的頂尖人士，甚至可以認識志同道合的朋友，真是一舉數得。

其實，我們一生中有許多老師教過我們，但，真正影響我們很深的，並不一定是課堂上的老師，很可能是沒在教室裡教過我們的老師，所以，要主動跨出去，去結識更多的老師和朋友。

影響我很深的新聞學權威「鄭貞銘教授」，就是我去聽演講時，主動認識的老師；而教導我甚多、已過世的新聞界前輩「歐陽醇教授」，也是我年輕時主動前往拜會、求教的最好老師。他們都是熱心提攜晚輩、毫不藏私地教導後進的好老師。

不過，在聽演講時，必須注意到下列幾點：

一・聽演講，一定要帶筆、紙，用心記錄。「空手」聽演講是沒有意義的，因為，「超強的記憶，不如一支短短的筆。」我們腦袋再厲害，都沒辦法勝過一支筆。所以，想要把別人的智慧「裝進自己的腦袋」，一定要記錄、寫筆記。

二・聽演講時，最好往前、坐前面。很多人聽演唱會、看表演，都搶坐前面，因為，前面的座位視線好；可是，為什麼聽演講要坐後面呢？想打瞌睡嗎？想偷溜嗎？其實，聽演講坐前面，跟老師距離接近，可以更專心、更投入，也會有更多機會，和老師近距離的接觸與互動。

三．**聽演講時，務必專心，並提醒自己「等一下我要發問」**。聽，只是單向的接收訊息。「聽到了」跟「聽懂了」是聽講的不同層次。而「聽懂了」之後，更要記得「用心實踐」，才會對自己有幫助。為了讓自己「聽到、想到、做到」，我常在專家演講結束後，強迫自己「舉手發問」，把不懂的、有疑問的，或有不同想法的，勇敢舉手提問。舉手，是需要勇氣的。舉手多了，自己就更有勇氣與自信了。

▼人生像一艘船，要壯闊地航行

年輕歲月要怎麼過？在台灣，多年前，曾有一個二十五歲的年輕人連加恩，在大學醫學院畢業後，在義務當兵時，選擇擔任外交替代役，遠赴西非小國「布吉納法索」服兵役。

在那段期間，連加恩教導當地貧困孩子撿拾垃圾，換取舊衣，也在台灣號召民眾捐出舊衣、募款，籌建一個孤兒院，讓貧病無依的非洲兒童有地方住……

退役後，連加恩結婚了，他帶太太重返非洲布吉納法索，繼續完成興建孤兒院的夢想。他，前後在非洲待了約十年的時間，完成了他的目標。

而在非洲的經歷，成為他的養分，帶著他繼續前行，之後連加恩轉往哈佛大學攻讀公共衛生博士學位，更在當中找到新的努力方向。

他當過外交替代役、當過台北榮總家醫科醫師、當過衛生署疾管局防疫醫師，更在疫情期間擔任過高端疫苗副總經理。如今，他接下宏碁智醫董事長一職，準備用AI推動國際醫療，讓智慧醫療可以幫助更多的人。

年輕歲月要怎麼過？連加恩醫師曾在一場清華大學的演講中，告訴大學生——**「要以實際的具體行動，找到自我存在的價值！」**

一個人的進步與成功，通常需要兩個**N**，一個是**「方向」（Direction）**，一個是**「行動」（Action）**。「坐而言」不如「起而行」。有夢想，而不去執行，就會只剩下空想的白日夢。

快「訂定方向、起而執行」，接觸人群，生命就會留下無限的美麗與感動。

積極人生，就是要——「有目標、有方向、有信念、有行動。」

人生，不能空白。人生，不敢走出去，哪能看見美麗風景？

精進成長力

✧ 「做」與「不做」，決定你的今天與明天。

✧ 「做」，就有成功的可能；「不做」，就是原地踏步，一事無成。

✧ 人就是要勇敢、積極、主動、創造出屬於自己的moment，寫下感動、美好的瞬間，而成就自己的未來。

千百遍的練習，才能鍛造成功之路

人的潛力，須靠逆境激發！入門並不困難，但要堅持到底，就不簡單！「人的成功，不是比能力，而是比毅力！」的確，每個人若習慣於「舒適圈」，就會變得「安逸懶散」，所以，每個人都要做些「自我突破的事」。

▼千遍方為熟，萬遍神理現

去過北京的人都知道，王府井大街是個商業鼎盛、人潮如織的地方；那裡不僅有濃厚的商業氣息，也有一些文化藝術家，在那兒表現才藝，引來許多路人駐足圍觀。其中，就在新東安市場裡，也有「街頭雕刻藝術家」，替民眾雕刻人像。

在雕刻時，雕刻家手中拿著木槌和鑿子，聚精會神地看著凳子上的顧客，慢慢地在木頭上，雕鑿出臉型、髮型、眼睛、鼻子、嘴巴、耳朵、下巴……。從開始到完成，大概只有三十分鐘，而且雕出的人形，栩栩如生！最特別的是，顧客可以選擇「寫實、抽象、或誇張」的風格，要求雕刻家做出獨特的創作。

有一位從事人像木雕四十年的藝術家說，他雕過上千個人的人像，而他的雕刻心得是——**「千遍方為熟，萬遍神理現！」**也就是說，雕過上千人，才有純熟的表現、技巧，但若能雕上萬人，就能充分展現人像的氣質和神韻。

哇，這真是名言呀——「千遍方為熟，萬遍神理現。」我們豈不都需要一而再、再而三的 try, try, try，不斷地練、練、練，才能獲得寶貴的成果。

所以，人的將來是「要上、還是下」，完全繫乎於自己的一心。有心努力，百遍、千遍、萬遍地做，就有可能會上，而且不斷地往上；相反地，半途而廢、朝三暮四，打退堂鼓，則可能就會下，下到令自己慚愧、後悔、難堪的地步。

其實，**人只要有一顆「熱切渴望的心」，就能教自己不停地「往上、往前」**。人生只有一次，絕不能讓一生「只是過去」，而是要讓自己的人生「值得回憶」。

▼創下「托福滿分」的奇女子

回首年少，我比較笨、英文不太好，也沒下功夫學好英文，以致前後考了八次英文托福考試，只考五百一十分，低空飛過五百分的最低門檻，才得以出國。然而，過去報上刊載，有一台灣女孩，唸五專出身，卻創下「托福滿分」的紀錄，真是令人驚嘆！

張嘉倩，國中畢業時，父母要她放棄景美女高，而改唸台北商專商業文書科。可是，五專較無升學壓力，生活過得輕鬆悠哉，結果期末考時，張嘉倩英文「生字太多、題目看不懂」，所以第一學期的成績只有老師手下留情的「六十分」。

五專二年級時，在一次郊遊中，張嘉倩看到一唸工科的男生，正在收聽ICRT的廣播，而她，竟一句都聽不懂。從那一刻開始，張嘉倩開始痛下決心——一定要學好英文！

於是她開始固定收聽「空中英語教室」、猛背英文單字，也訂了《Time》雜誌閱讀；而在睡覺之前，她又使用「睡眠學習法」，開著收音機聽英語進入夢鄉。另外，在看外國電視影集時，她也試著「把電視字幕遮住」，強迫自己練習聽英語劇情、也交起國際筆友……就這樣，張嘉倩一點一滴地學習英文，來增加英文「聽、說、寫、讀」的能力。

在暑假期間，張嘉倩參加美國柏克萊遊學團，她所學的英文才真槍實彈地派上用場。回國後，她參加托福考試，考了六百零三分，可是，她母親希望她不要太早出國，而留她在台灣插班大學。後來她插班考上東吳外文系，但她並不滿意，第二年再重考，終於成為台大、輔大的榜首。

在台大外文系唸書期間，張嘉倩參加 AIESEC 國際性學生社團，專門接待來台學習語文的外國學生，也擔任國際體育競賽的翻譯，以爭取各種學習英文的機會，同時也體驗到學英文的樂趣。而在大四時，她再度報考托福，竟創下「托福滿分」的驚人紀錄！

後來，張嘉倩進入美國蒙特瑞國際研究學院，修讀「筆譯與口譯系」。而在唸書期間，她也不放棄任何可以練習英語的機會，她到社區的水族館擔任解說員，也到醫院、亞特蘭大奧運會當實習翻譯員。後來，張嘉倩學成歸國，在國內成為一名極為專精、有名的口譯專家。**而張嘉倩在一場演講中說，她學習英文的祕訣，說穿了，只有四個字——「持之以恆」**。

「持之以恆」四個字，很簡單、也很常見，卻很不容易做到，不是嗎？為了自己的目標和理想，不斷堅持到底、永不放棄的人，才能成功啊！

精進成長力

✧「成功是屬於那些鍥而不捨、永不放棄、堅持到最後一分鐘的人。」

✧達文西：「如果我今天很努力地學習、過得很充實，則我晚上將會睡得很安穩；如果，我一生都很努力、很用心地過活，則我將會安穩地長眠！」

✧「我能，因我知道我能；我成功，因我志在成功！我不躊躇、不猶豫；我，是個立即行動者——積極、又努力！」

身體才是本錢，記得投資健康

人，才是最重要的資產呀！不僅僅要投資學問、知識及技能，更要關注自己的身體健康；唯有身體健康，才有能力去完成目標啊！

▼沒有健康的身體，擁有再多都沒有意義

二十年前，我的小學同班同學翁景民，一路在困苦中長大，在美國拿到了博士學位，於台大商學院擔任教授，也得到「十大傑出青年」的殊榮，卻因積勞成疾，而英年早逝。

人是脆弱的，就像是數字的「1」，如果1挺不起來、倒了，則後面有再多的0，永遠都不會是一百萬、一千萬、或一億！

因為，沒有「挺直的1」和「健康的1」站在前，則後面即使有再多的0，甚至成為千萬、億萬富翁，也都沒有意義了！

以前，為了瞭解自己的身體狀況，我曾到三軍總醫院的「正子斷層造影中心」，去檢查身體上是否有癌細胞？所謂「正子造影」，是將類似葡萄糖的醣類化合物，注射入體內，來尋找腫瘤的蹤跡。因為，腫瘤會吸收類葡萄糖，只要大小超過〇．四五公分，有腫瘤的跡象，就會在電腦螢幕上顯現出來。

這，就像是花錢來玩一個「偷看自己命運」的遊戲一樣！注射完類葡萄糖液，我全身被包捆得像木乃伊，再送進「正子電腦斷層儀」裡，動都不能動，就如同躺在太空艙中；四、五十多分鐘之後，結果出來，電腦就會告訴你，身上是否有腫瘤？是良性還是惡性？癌細胞有多大？……

躺著躺著，突然間，我被自己的鼾聲吵醒了！噢，也檢查完畢了。

吃完簡餐，醫師就來告訴我檢查的結果。

醫師說，有些人身體很好，只是來檢查一下，沒想到卻證實有惡性腫瘤、大腸癌或鼻咽癌。也有人的檢查結果顯示，有乳癌、食道癌、肺癌、膀胱癌或淋巴癌！

怎麼辦？這真是晴天霹靂的惡耗呀！醫師說，得知壞消息時，有些人震驚得連叫計程車的力氣都沒有，不知該怎麼走出去？也有人知道自己罹癌後，回家就失蹤了，把自己封閉起來。可是，醫師有「誠實告知」的義務，不能隱瞞病情呀！

當然，有些腫瘤是初期的，一發現，立即切除，那是最幸運的；但也有些人一檢查，發現已經是「胰臟癌末期」，只過了兩、三個星期，就離開人間了。

哇，「偷看自己命運」真是個殘酷的遊戲啊！可是，預知自己是否有癌症，若有，就及早治療，不也是值得玩、應該玩的遊戲？不然，一旦癌細胞蔓延、擴散卻不自知，等到身體不適，再發現時，已是末期，豈不是更令人驚恐、無助？

「恭喜你，戴老師，從電腦上來判讀，你的身體很正常，只有一個小囊腫，是良性的，但沒有癌症腫瘤！」醫師笑笑地對我說：「不過，右側腎臟裡可能有一個小結石，你要繼續找醫生檢查、治療……」

我是幸運的，暫時未見身上有癌細胞；但，人還是需要未雨綢繆啊！

▼健康的身體，才是一切的基本

曾經有個女性朋友，大家一起共事過，她經常笑嘻嘻的，感覺就是「很好相處的人」。不久之後，她離職了，為什麼？因為她得了大腸癌，必須時常到醫院治療；但，再過一陣子，她已經離開人世了！

也在退伍後，聽同袍說，我的營長為了居家照顧妻小，沒有住在營區裡，而選擇了每天騎摩托車通勤。一天，他在上班時，騎著摩托車被大卡車撞上，整個人被夾在輪子裡，拖行了上百公尺才停下來。後來，他的雙腿被截肢了，住在醫院裡。我去看他，原本爽朗的他，坐在床上，看起來悶悶的，不再有過去的威風和英氣！

曾有人在黑板上畫了一個人，他的左手拿著一籃「雞蛋」，右手則抓著一隻「母雞」，請問，如果是你，你要選擇什麼？有人說，要選擇雞蛋，因為雞蛋馬上可以吃！也有人說，要選擇母雞，因為母雞可以源源不絕地生下雞蛋。

你呢，要選擇什麼？答案揭曉——要選擇的不是「左邊的雞蛋」，也不是「右邊的母雞」，而是中間的「那個人」！為什麼？因為，一個人比雞蛋或母雞重要啊！**人，才是最重要的資產呀！**一個人有才華、有健康、有財富，就可以買到許多的雞蛋和母雞呀！

所以，**人一定要「投資自己」！投資自己的知識、學問，也投資自己的健康**，讓自己有良好的身體、愉快的心情，去從事自己喜歡的工作。假如空有學問、空有財富，卻沒有健康的身體，又有何用？

因此，**「無病最高興，無債一身輕，無仇心平安，無災最幸福。」**

精進成長力

✧ 人「有才華、快樂、健康」，才是最重要的資產呀！

✧ 無病最高興，無債一身輕，無仇心平安，無災最幸福！

✧ 「自己的生命，操之在我呀！」

留給自己靜思的時間，釐清未來目標

堅持信念「靜思、寫日記」，需要恆心與毅力。但是透過寫下想法、寫下思緒、寫下目標，才能夠在鍛鍊自己的思考的過程中，逐漸找到前進未來的方向。

▼相信你能，你就一定能

說實在的，藝專三年中，有一件讓我足以自豪的事，就是——我整整寫了三年的日記，沒有一天中斷過；包括在成功嶺受訓時，仍堅持天天寫。

有時出操、打靶，全身流汗，但我坐在樹下，亦拿出小冊子寫日記。平時在校上課時，晚上很累，倒下就睡著了，不過，隔天起來，還是逼自己「補寫」；甚至趁著下課十分鐘，握筆疾書，寫下前一日心得。

我相信，「寫日記」是一項自我訓練，因為自己唸廣播電視科，將來一定是要靠「一枝筆、一張嘴」吃飯；假如文筆不好，怎能和其他高手競爭？

因此，我設計一張「作息表」，訂下目標，每天一定要「練播音、寫日記、運動、背英文單字、聽英語廣播、讀聖經、記帳……」睡覺前，上述每件事都做完，才能充實、安心、快樂地睡覺。

有人說過一句話——「**一艘船，除非它有目標和航向，否則不管吹任何的風，都不會是順風。**」因此，我為自己訂下目標和航向，希望能幸運地獲得「順風」，勇往直前。

在華視記者任內，我被指派主跑「社會、警政、司法」的路線，也就是機動性高的新聞，例如火警、山難、兇殺案、連環車禍……等等。有時趕到兇殺案現場，警察都還沒到，只見被害人的手臂、身體、頭顱都被分屍，慘不忍睹；或在火警現場，看見一片驚惶搶救的景象，自己也被消防水柱淋得溼透，但還是得鎮定採訪，不能忙亂失措。

也有些突發狀況，那時是一一九或一一〇小姐打呼叫器臨時通知的年代，一接到消息，我自己立刻開車趕往災難現場，而攝影記者與助理也開車趕到。那個時代，沒有所謂的SNG現場直播，所以採訪結束後，自己還得開車火速趕回華視，甚至要抓緊時間寫稿。

因為，時間是無情的，若趕不及在新聞播出前，將畫面與文字稿趕送回播報檯，記者所有的努力採訪都是「白費」的，所有的心血也都是「零」。

的確，堅持信念「靜思自己」、「記寫日記」，需要恆心與毅力。而我也知道，過去的「自我要求與寫作訓練」，都是我一生中的最佳投資；而這樣的寫作訓練，已在我往後的日子裡，派上用場，也讓我更有自信地「挺立於風雨之中」一。

▼目標可以遠大，但是要懂得穩健邁進

我不是游泳高手，不太會游泳，但是我知道，游泳教練常會教學習游泳者「立泳」；也就是利用雙腳、雙手不斷地踢水和划水，使自己能「暫時浮立在水中」，而不至於下沉。

可是，游泳選手不能一直在水中「立泳」啊，否則，他們只有不斷地踢水、划水，在原地浮沉，哪裡也去不成啊！人，也是一樣，不能只是在「原地踏步」，而不再往前邁進啊！

不管是蛙式、自由式、蝶式、仰式……都可以到達終點，但只有「立泳」不行！所以，人不能一直「立泳」，必須望著前方，不斷「打造具體的夢想」，而且，以實際行動、付諸實踐，才是贏家！

如果有人問你：「你可以吃下一隻大象嗎？」你一定說：「不可能！」

然而，「一次一口，你就能吃下一隻大象」，不是嗎？

因此，讓我們立下「吃下大象」的宏願，然後，拿出一張紙，寫下三大標題——

「我以後想成為什麼樣的人？」

「我以後想做什麼事？」

「我想擁有什麼？」

每個標題，我們都可以儘量發揮，寫一、二十個答案，例如：

我每年想要出國兩次。

我想要考上心目中理想的大學。

我想要活用語言能力，跨國工作。

我想要在四十歲前創業，開一家屬於自己的公司。

我想要在退休以前財富自由。

我要每天閱讀三十分鐘，或一小時。

我要每個星期運動三次……

真的，**只要寫出自己的夢想，按部就班地去做，具體「計畫、堅持、執行」，有一天，我們就能「吃下大象」啊！**

因為，「只要相信你能，你就一定能！」誰能斷定我們不能呢？不，沒有人能說我們不能，除非我們自己放棄自己。所以，我們要大聲地說：「我一定要做出成績，我一定要讓別人刮目相看！」

▼不要被路上的挫折打倒，努力到達成目標為止

有人問曾得到美國電視「艾美獎」的盲人吉姆．史都瓦說：「如果你對達成目標沒有任何進展，你會對這個目標堅持多久？」

吉姆回答說：「如果有一輛車子翻覆，壓住了你的小孩，你會努力多久，把車子從你的孩子身上移開？你將利用各種不同方法，不斷地嘗試，直到把車子移開為止，是不是？這就是你應該努力的時間——直到你達成目標為止！」

「目標、理想」，就像是我們的小孩，若被車子壓住，我們一定會想盡辦法把

車子移開，因為——「這目標、這孩子，值得我們費盡苦心、不斷努力地營救他，再來一次、二次、三次……直到成功為止。」

人不論失敗了多少次，只要不失去「再來一次」的勇氣，就必然大有可為。

所以，古有明訓——「敢向自己挑戰的人，才是真正的勇士；能夠征服自己的人，才能頂立於天地之間。」

或許，人生一路走來，有許多不如意，也有很多嘲笑和諷刺；不過，我們若能「勤能補拙、再試幾次」，「把嘲笑視同啟發，把諷刺看做激勵」，目標一定可以達成！

所以，我們的心不能是「灰灰的」，我們的臉不能是「沉沉的」。

如果我們的外表看起來「很陰沉」，這就表示，我們的「心窗需要擦拭」了——要擦拭得更亮麗！

因此，當我們**「停止抱怨，努力實踐，貴人就會出現，理想就會實現！」**笑吧，為未來必達成的目標，開口笑笑吧！因為，每笑一次，就能增加一點「生氣、喜氣與福氣」。

精進成長力

✧「一艘船，除非它有目標和航向，否則不管吹任何的風，都不會是順風！」

✧每個人都要找到「自己生命的著力點」，發現自己的興趣和專長，而全心投入、積極提升自己！生命中若沒有「著力點」，沒有可以打拚的目標和願景，生命就會缺乏動力！

✧「做事要像匹狼，看得遠、衝得快；看著前方目標，勇往直前，奮力衝刺。」

持續輸入，也記得要輸出

心中醒、口中說，還須從身上習過！我們一定聽過上百則笑話，可是要我們「講出來，講得好笑」，可能沒幾則。

為什麼？因為我們「輸入多」、「輸出少」；只有聽，而沒有練習啊！

▼輸入，不能只靠腦袋，也需要紙跟筆

多年前，從美國返台、在學校任教的前兩年，幾乎沒有什麼單位找我演講；不過，我還是一如往昔，習慣到處聽演講，聽那些高知名度的「名嘴」，在台上展現「迷人風采」和「說話魅力」。當我看到台上的主講人，把台下的聽眾逗得哈哈大笑時，我好是羨慕，心想──有一天，我也一定要站在台上，講得台下人「捧腹大

笑」或「感動流淚」！

因此，在台下當個「聽眾」的我，一定準備好「筆和紙」，專心地聽講，同時記錄下演講的重點。

例如，我曾聽一位講師說，他幹了二十多年公務員，最大的心得是——**「先溝通、後行文」，而不是「先行文、後溝通！」**

嗯，這個概念說得好極了！事先知會對方、相互溝通商量之後，再行文給對方，事情一定好辦多了；相反的，如果沒有事先知會，就直接發公文給對方，則辦妥事情的困難度可能就會增加許多。

又如，我曾去聽知名企管顧問專家李幸模教授演講「領導魅力」，他說：「自己不喜歡用的人，如果用了，對自己和團體都有益處，就應該用！自己不喜歡做的事，若做了，對自己和團體都有幫助，就應該做！」

的確，人常有許多好惡，只習慣「用自己喜歡的人，憎恨自己討厭的人」；但若能晉升、拔擢那些異議的反對派人士，甚至將他們培養成自己身邊忠心耿耿的大將，則豈不是一位「領導高手」嗎？

每次的演講，我總是儘可能地記錄主講者的精華，學習其優點；同時，恕我坦白地說，我也會記錄下「主講者的缺點」。為什麼呢？

因為，身為學習口語傳播的人，我必須懂得分辨「站在台上的人表現如何」？他的口齒、台風、內容、肢體動作、用字遣詞、演講佈局……的好壞在哪裡？

因此，我的筆記會有兩份，一份是記錄主講者的「重點內容」，另一份是分析主講者「表現的優缺點」；回家後，再將這些筆記重新整理、打字、分類、歸檔，成為自我學習的相關資料。

在我聆聽他人演講時，我總發現，台下的聽眾「絕大部分」是不做筆記的。真的，我好替他們惋惜喔！既然有心來聽演講，為什麼不將主講者的「畢生經驗與智慧精華」記錄下來、帶回家去？

所以，我告訴自己——「**只有帶了筆和紙，才能學習到別人精彩的內容！**」

我深深體會到，「記錄勝於記憶」。我年紀愈來愈長，我絕不相信自己的記憶，因為，「**記憶是短暫的，記錄是長遠的！**」

後來，我漸漸有機會上台演講，我發現，台下大部分的人，依然「忘了帶筆和紙」。聽眾只是隨著內容的高潮起伏，而哈哈大笑或心有所感地聆聽；此時，我總會適時地提醒聽眾——「請大家把筆和紙拿出來好嗎？別忘了做記錄哦！」並說：「如果忘了帶筆和紙，好不好向左邊、右邊、前面、後面的朋友問一下，有沒有多餘的筆和紙，可以借我一下？記得——『只要開口，就有機會！』」

是的，只要開口，就有機會！但別忘了，以後一定要「隨時隨地攜帶筆和紙」，因為，「只要有準備，也就一定有機會！」——有機會學習到他人的智慧精華。

所以，我告訴自己，聽演講的心態是——「不管別人講得好不好，我都一定要記下來，抓些啟示回家！」

真的，聽他人免費或付費的演講，都是去「挖別人的寶藏」，我們豈能讓自己「空手而回」？所以，「**積極一點，機會總是留給有心的人！**」

▼輸出，嘗試將聽到、學到的內容，換句話說

有一次，曾經遇到一位熱愛分享的理髮店店長，閒聊的時候他問：「你知道我們為什麼要聽故事嗎？」

他接著解釋：「其實，並不是我們不聰明，而是我們每個人都習慣『單向思考』，所以思路有限；如果我們能多聽別人講故事，就可以啟發我們的思考。」店長很認真地對我說。

店長繼續對我說：「我問你，人的一生中聽過的故事有一、兩百個吧？但你能講出幾個故事？很多人聽了很多故事，卻沒有辦法講出來。」

店長愈說愈起勁，還沒等我開口，就說：「我告訴你，**就是因為很多人都只有『輸入』，而沒有『輸出』。我們聽別人講故事是『輸入』，可是，只有自己聽懂了、會講給別人聽，才是『輸出』……**」

真的，當一些話語「輸入」我們腦袋時，必須找機會「輸出」，並且加以實

踐。所以我們常說「學習」這個詞，其真義是——**「學」了之後，就要「溫習、練習」，要懂得「活用、實踐」，才是真正的學習啊！**

如果仔細算起來，我們一定聽過上百則笑話，可是要我們「講出來、講得好笑」，可能沒有幾則。為什麼？因為我們「輸入多」、「輸出少」；只有聽，而沒有練習！當我們看到演員們精采的演出時，別忘了，他們是經過多次的「輸出」、「演練」，甚至是「出糗的ＮＧ」，才有完美的成果啊！

因此，清朝大儒顏元說：「**心中醒，口中說，紙上作，不從身上習過，皆無用也。**」

的確，**「真知」，是必須不斷地「從口中輸出」，且「從身上習過」啊！**

精進成長力

- 曾有老師分享成功的「4P法則」，在此也分享給大家——
- **Pencil and paper**：一枝筆、一張紙，也就是先前所提的「常記錄」。
- **Positive thinking**：積極正面的思想，愈戰愈勇，永不放棄。
- **Potential development**：開發自我潛能，別讓自己的能力、才華沉睡不醒。
- **Perform immediately**：立刻行動、馬上去做，絕不「只說不做、浪費生命。」

建立自己的學習資料庫

網路時代下的學習，從「被動吸收」轉為「主動學習」，在龐大的資料海中，要學會建立專屬於自己的學習資料庫，打造一個自己的學習體系。

▼學習新知，從蒐集資料開始

從國立藝專唸書開始，我就有「剪報、蒐集資料」的習慣，看到好的笑話、新聞、趣事……都立刻把它剪下來，貼在剪貼簿上。當時我想，可能有一天，我需要寫劇本，而這些剪貼內容，都是最好的編劇題材。

不過，後來我沒有朝「編劇」方向走，但我仍保持「剪報」的習慣；把看到的、聽來的，統統剪貼或用手筆記，然後分類、歸檔，放入「活頁檔案夾」裡。

現在，我有兩百多個檔案夾，自己編上檔案名稱，例如：「笑話」、「名言」、「電視主播」、「非語言傳播」、「政治人物趣事」、「公共電視」、「男女溝通」、「名人說話技巧」、「感人故事」、「親情」、「激勵」、「成功」、「婚姻」……等等。

有時候我心想，萬一哪一天家裡不幸發生了火災，我應該先搶救哪些東西？電視、電腦、冰箱、錄放影機、音響……我都可以再買，唯獨我辛辛苦苦建立起來的「剪報資料檔案」，沒辦法再買，也沒有辦法在國家圖書館、聯合報、中國時報等資料室裡找到，因為——剪報資料檔案是根據我個人的興趣、專長、工作領域……，所慢慢蒐集累積起來的；它是個人的「知識寶藏」，也是「智慧寶庫」啊！

當然，現代科技很方便，可以一下子搜尋到許多資料、知識、訊息，或許有些人會想「這些我只要 Google、ChatGPT 一下就能找到答案了」，然而，有時候「人腦」與「智慧」，卻不是任何科技所能替代的。

例如，你生活中遇到的人事物、你聽過的一場演講，或是長輩與你分享的人生智慧，這些都不是光憑科技能夠搜索得到的。

因此，儘管現在電腦及相關科技很普遍也很便利，但我仍天天閱讀、剪報、蒐集資料——希望每天為自己「開啟心靈之窗」。

更何況，在這個資訊爆炸的時代，篩選有用知識、汰除無效訊息也是每個人需要學習的課題，我們應該要善用科技，而不是被科技控制，利用這些現代化的工具打造專屬於自己的資料庫，才能完善自己獨一獨二的智慧寶庫。

我總覺得，我不能做個「天生的懶骨頭」，**我一定要逼自己像一塊「不斷吸水的海綿」，每天吸收新知、累積知識，而不是一直被迫擠出水分，用完後隨之丟棄。**

然而，人有時比較懶散、懈怠，對勤奮學習新知「光說不練」，所以台語有句諺語說：「講甲飛天鑽地，無值鋤頭落地！」意即，話講得口沫橫飛、頭頭是道，但若不去實踐，就不如真正的「鋤頭落地、認真開墾」。

「實踐，像一把鑰匙，可以開啟成功大門！」

「停止學習、停止創新思考，就如停止生命！」

有時我會問自己——「我今天學到新東西了嗎？我今天讀書、蒐集到新資料了嗎？」

只要我們有心，每天花點時間閱讀一小時，吸收新知，則我們一定更加「氣宇非凡」！

▼學習以後，要留下時間思考

去過台大校園嗎？台大的椰林大道是很有名的，有綠地、有椰子樹，也有杜鵑花；而其中，更有聞名遐邇的「傅鐘」。傅鐘，是為了紀念傅斯年校長所建，當傅鐘的鐘聲響起時，大家可以在校園中聽到「二十一響」清脆悅耳的聲音。

可是，為什麼傅鐘會敲響「二十一響」呢？為什麼不是「二十響」，抑或是一天二十四小時，就響「二十四響」？

其實台大傅鐘一次敲二十一響，是因為傅斯年校長認為，一天只有二十一小時，人都應該留「三個小時」來思考，讓自己一個人靜靜地獨處、閱讀、反思……不能讓自己盲目地瞎忙，忙到自己都不知道在做什麼。

的確，「思考、學習」是生命的原動力，人不靜思、不充電、不再學習，就會「被掏空」，以致腦中一片空白。所以，必須再充電、再思考、再學習、再沉潛、再深耕！

有句台灣話說：「無好地基，就起無好厝」，也就是說，沒有好的地基，就不能蓋起好的房子。我們每一個人都是在蓋「生命大樓」的人，怎能不打好堅實的地基呢？我們都必須不斷打下重重的鋼柱、綁緊鋼筋、灌滿水泥，一層層地蓋好自己的生命大樓呀！

所以，**「今天的我，是昨天的我所造成的！」**、**「明天的我，也是今天的我所造成的！」**不是嗎？

其實，我們的世界，充滿著無限的機會，只要我們常保一顆新鮮、勇敢、無懼的心，生命總會有「新的出口」。儘管過去曾經挫敗、潦倒，但只要能夠「生聚教訓、十年磨一劍」，則必有東山再起、抬頭昂揚的時候。

精進成長力

- 唯有隨時自我充實的人，才能比別人強，比別人有成就！
- 「現在站在什麼地方不重要，重要的是，你往什麼方向移動？」
- 「讀書、學習」並不只是小孩或學生的事；每個人都應該不斷地充實自己、努力學習，讓自己「每秒鐘都在成長，每分鐘都在創造輝煌」。

敢於表達，推銷自己

馬虎，是一種習慣；畏縮，是一種習慣；自信、勇敢表達也是一種習慣。好習慣，都是從「不習慣」開始的。

▼自信，是一種習慣

第一位在美國政府當上內閣部長的華裔人士趙小蘭，以前曾回到台灣演講。在演講中，趙小蘭女士說：「如果要得到美國人的尊敬，就要勇敢的把話說出來！不敢表達的人，是不會被看見的；勇於表達，才能出頭。」

趙小蘭曾經在美國政府中，擔任勞工部長，也是歷年來在美國政府中首位華裔部長。趙小蘭說，她在台灣念完小學二年級之後，就移民到美國，當時，她連一句英文都不會講。為了融入美國社會，她努力學習英語，也大聲地講英語；不過，是從她學會「如何在對談中插話」之後，才讓自己有「被看見」的機會。

趙小蘭表示，亞洲人注重「聆聽」，不斷強調要試著去改善自己的缺點；但美國人卻是一個口語化社會，重視「口語溝通」，也透過意見表達與發言，來「展現自己的優勢，並把自己推銷出去」。

所以，**一個人要多學習口才表達，也要學會「適時插話」，勇敢表達自己的想法，才會有機會出頭。**

趙小蘭女士的這番話，讓我心有戚戚焉，深有同感。

現在許多大學生，一旦突然被請到台上，常羞得臉紅耳赤，講不出一句話來；或講話結結巴巴，言不及義，無法完整、自然地表達想法。也有許多大學生，從來不曾「主動舉手發言」，也不敢「主動上台說話」，以致於不懂得插話，更不敢自信地公開表達意見。

我在藝專唸書時，每天都花至少半小時以上的時間大聲「朗讀報紙、文章」，也強迫自己在聽演講後的發問時間，勇敢舉手發問。在搭公車無座位時，我站立，就讓自己唸車箱上的商業廣告文案；有座位時，我看著窗外事物，以「摩托車、大樓、電線桿……」為題，自我訓練即席演講。

您知道嗎，**「別人沒有認識我們的義務，但，我們有自我行銷的權利。」**

在芸芸眾生之中，誰會來主動認識我們呢？……不，不會！

我們所能做的是——主動把握機會，展現出自己的才華優勢，把自己行銷出去，才能「被看見」呀！

「試著大聲朗讀」、「勇敢舉手發言」、「自信上台說話」，讓自己的口齒清晰、言之有物、沉穩有見地，這樣，才能夠把自己的才華推銷出去。

許多學生缺乏自信，不敢表達，心裡認為——「舞台是別人的」。其實，**舞台，也是靠自己去創造的呀！**

「自信，是一種習慣。」

當一個人不怕被嘲諷、不怕被看輕，他臉上始終展現自信的笑容，他自然會「被看見」，也會愈來愈優秀。所以，我們也可以「**把優秀，變成一種習慣**」。同時，好習慣，都是從「不習慣」開始的。

「Dare to change!」人，要勇於改變。

「Dare to speak out!」人，要勇於表達。

不要恐懼表達，該恐懼的是——學習意願低落、缺乏熱情、缺乏勇氣、缺乏展現自信的積極態度。

▼只會承擔小事，會讓人失去熱情

一個人若只是「不做不錯、不敢承擔風險、沒有創新突破的行動力、無風無浪地只做些小事」，這樣好嗎？這樣會被欣賞、肯定嗎？

以前，我曾應邀到雲林科技大學演講，這所大學位於斗六市，而我是斗六國中的畢業校友，所以就有一份親切感。

當時，時任雲科大校長的楊永斌博士主持致詞時，對學生們說——大學生有三件很重要的事：

一、頭腦要清楚，也要懂得察言觀色、善解人意。

二、口語表達能力要強，才能被看見，才能出人頭地。

三、要有持續改善自己的能力——例如，想要好英文，就要持續加油；想要好體魄，就要不斷運動……

楊校長很會讚美人，一直稱讚我口才好、文筆好，才會不停地寫書、到處受邀演講。其實，我沒啥能力，但對於楊校長向學生提到「要被看見」的提醒，卻心有戚戚焉。

在藝專唸書時，我總是主動參加演講、辯論、作文、詩歌朗誦等比賽，即使沒有得名也沒關係，至少我勇敢地挑戰自己，也戰勝了自己。

只要勇敢參賽，就是把自己推出去，也就能「被人看見」。

▼用智慧、專業知識寫專欄

當我在美國奧瑞崗大學唸博士時，我努力觀察媒體、蒐集資料，並以自己在華視當電視記者的經驗，每週寫一篇文章寄到中國時報影視版；我十分感謝當時的兩位主編，給我「隔海播報——戴晨志頻道」的專欄，並持續刊登了兩年。

同時，我每週也在「新聞鏡」周刊寫文章，撰寫我在美國對電視新聞、傳播界的學習心得，所以，許多新聞界的前輩都知道我這個人。

在美國留學時，我並沒有辛苦地到處端盤子、洗碗、打工；我用心寫稿、發表，也算是另類的打工，除了賺取些稿費之外，也讓自己能「被別人看見」。

也因此，當我通過博士論文及口試之後，即有新聞傳播教育的前輩，向世新大學推薦我；就這樣，很幸運地，我沒有辛苦地四處找工作，即受邀回國擔任世新大學口語傳播系的創系主任。

人不能畏縮、不能膽怯，也不能覺得自己懷才不遇；因為，懷才不遇，就是自己的錯！

你為什麼不會主動推銷自己？

你為什麼有才華，卻不懂得「被人看見」、「被人賞識」？

人，是為勝利而生的，不是為失敗而生的！

我們都要努力栽培自己、造就自己、推銷自己，也使自己——「**戰勝挫折，讓成功的夢想永不停航！**」

精進成長力

- 「自卑，是人生毒藥；自信，才是唯一的解藥！」
- 我們的一生，都是在營造自己的「品牌」，所以，我們自己傑出的表現，就是最好的「名牌」。
- 人的才華，必須要勇敢展現，才能被看見。

邊學邊做，總要行動才有開始

「行動」永遠比「空談」有用，「動手做」永遠比「空害怕」有效！碰到困難時，別淚眼汪汪，勇敢站起來，動手做就是了。

▼肯下功夫，每個人都有過人之處

以前曾經有這麼一則報導，瑞士有個十五歲的少年麥可．薩澤，在一次國際體育競賽的頒獎儀式中，看到瑞士的國旗在莊嚴的國歌聲中冉冉升起、飄揚，他的心中生起無比的感動，所以從那一刻起，他就暗自下定決心——要學會唱世界上「所有國家的國歌」。

或許，有些人的感動是「一時的衝動」，有些人的決心是「說說而已」；然而年輕的麥可卻不是「虎頭蛇尾、一曝十寒」的人，他「說到做到、立即行動」！

當時十五歲的他，主動積極地向各國駐瑞士的大使館，以及設在洛桑的國際奧林匹克委員會，索取各國國歌的歌詞、歌曲和錄音帶，並且努力開始學唱各國國歌。

根據國際奧委會的人員指出，麥可學習各國語言的態度非常認真，如遇到不懂的語言，就請該國的大使館提供拼音，並找人翻譯，深入了解國歌歌詞的涵義，以便能唱出各國國歌的精神與內涵。據說，麥可能說英語、法語、德語、西班牙語、義大利語和葡萄牙語等六國的語言，真是令人刮目相看！

後來成為一名律師的麥可，在瑞士洛桑的奧林匹克館裡，舉行史無前例、別開生面、獨樹一幟的「國歌獨唱會」；他精神奕奕、神采飛揚地站在舞台上，於三個半小時之內，以七十五種語言，一共演唱了「一百八十八國的國歌」。他的創紀錄演唱，博得全場熱烈且瘋狂的喝采，也被列入「金氏世界紀錄」。

麥可說，他立志學唱國歌時，並未想到要被列入「金氏世界紀錄」；而現在的他，也很意外能以「唱國歌」，來促進瑞士和世界各國人民之間的情誼。

而麥可鍥而不捨、堅定信念的精神，令我想起一些話——

「放棄，只要隨便一句話；成功，卻要努力一輩子！」

「小事好好用心做，就能成就大事。」

說真的，我很難想像會有人把「小小的感動」，化為「真實的行動」，而且，一堅持，就是十多年！我們從小，就常被一些事情所感動，於是立下志向——長大後要成為科學家、太空人、醫生、教授……但大部分的人，都較少真正身體力行，也很少堅持數十年如一日，以致未能達成目標。

我在想，當麥可在向各國大使館要求協助「學唱國歌」的過程中，一定多次「被嘲笑、被拒絕、被冷漠回應」，然而，可敬可佩的是——他堅持、他執著、他挑戰、他要超越！

因此，**成功，是屬於「把感動化為具體行動的人」**。

「要有不怕跌倒的毅力，才能學會溜冰。」

「只要肯下功夫，每個人都會有過人之處。」

▼「心不難，事就不難！」

在美國的底特律，有個八歲的小男生名叫湯米，在得知媽媽懷孕的消息後，每天都很期待妹妹的到來。

一天，媽媽的肚子突然開始陣痛，而且頻率逐漸增加，可是，爸爸剛好出門，不在家，怎麼辦？湯米看著痛得不斷哀叫的媽媽，真的不知所措！

「快，快，湯米……趕快打緊急求救電話……」媽媽忍著痛，吩咐著湯米。

湯米手上拿著行動電話，找人救援；可是他們家住在偏遠地區，救護車要過好一陣子才會來。

救援專線的人員，在電話那端告訴湯米：「你很棒，你要鎮定，你一定可以幫助媽媽，把Baby生出來……你先去找一條毯子，再去找一把乾淨的剪刀……然後把剪刀放進鍋子裡煮沸、消毒……」

躺在床上的媽媽，肚子愈來愈劇痛，「湯米，快來幫媽媽……等一下妹妹的頭露出來時……你要小心、細心扶好妹妹的頭哦……而且，等一下，媽媽會流出很多的血，妹妹的頭也會都是血，你不要害怕哦！」

站在一旁的湯米，點點頭說：「媽，我不會害怕，我一定會很小心的！」

在媽媽的陣痛哭叫聲中，妹妹的頭真的慢慢露了出來，湯米小心翼翼地扶著妹妹的頭，和柔軟濕滑的身子；雖然手上全是血跡，湯米還是慢慢地把身上還連著臍帶的妹妹，放到媽媽的肚子上，並用準備好的毛毯，蓋住妹妹，保暖。

然而，真正的難題來了！救援專線的人員在行動電話那端說：「湯米，你做得很棒！現在，你要把妹妹臍帶大約十五到二十公分處，用剪刀剪掉，再綁起來。你不要怕，你一定可以做到，慢慢來，沒關係，你是最勇敢的孩子！」

此時，湯米似乎有點慌了手腳——「剪臍帶？綁臍帶？怎麼做呀？而且，十五或二十公分是多長啊，怎麼量？」不過，媽媽躺在床上，體力虛弱地幫他惡補：「湯米，你露過營對不對，你用幼童軍結繩的方法，把媽媽和妹妹的臍帶剪掉，再綁起來……」

在媽媽的指示下，湯米邊學邊做，而在救護人員到達前，成功地完成分娩。而媽媽看著熟睡一旁的小女嬰，以及身邊的湯米，淚水不禁流了下來！

經過CNN有線電視網的報導，湯米一夕之間，成為全美國的「小英雄」；他臨危不亂、小心鎮定地透過求助電話，成功地幫媽媽接生Baby，每個人都為他豎起大拇指、稱讚他——「了不起！」

其實，每個人都有潛力，也都可能完成「不可能的任務」。真的，「**不學不會，學了就會！**」或許，我們不曾想過，八歲小孩可以幫媽媽接生，但「邊學邊做，學了就會」，不是嗎？

「**天下事，愈不做，愈不會做，將永遠都不會做。**」

「**只要動手做，就愈來愈會做。**」

世界上有一件事是絕對肯定的，那就是「每個人都會遭遇困難」；然而，在面對困難時，有人選擇「消極逃避」，有人選擇「勇敢克服」。

有些人遭遇到「困難和逆境」時，就淚眼汪汪，直喊放棄；有些人則是沉著鎮定，鼓起勇氣，向「最難」和「未知」挑戰。

事實上，「害怕困難也是一種迷信」，是自己給自己製造緊張的氣氛；相反地，只要勇敢睜大眼睛、盯著困難，則「心不難，事就不難！」

所以，**「行動」永遠比「空談」有用；「動手做」永遠比「空害怕」有效！**

也因此，碰到困難時，別淚眼汪汪，勇敢站起來，動手做就是了。

精進成長力

✧ 英諺說：「Better late than never.」（遲做，總比不做好）

✧ 沒有事情可以難得倒我們，有的話，就只有自己的心。

✧ 許多事情的成功是——「非不能也，而是不為也！」

設立競爭對手，以他人為師

「強勁對手的催逼」，常是我們進步、成長的最大契機！除了競爭對手以外，也不要害怕詢問別人；人常恥於問人，但，若今天請教別人，明天能夠勝過別人，不是很好嗎？

▼設立一個強勁的「假想敵」

在我們生活中，有人常埋怨「對手」很多，以致逼得自己喘不過氣來；可是，「沒有對手」難道就是件好事？人生很怕在爬上巔峰時，突然沒有了目標啊！

其實，在工作上、知識上，我們都需要有對手——一個強勁的「假想敵」；因為，最好的學習，經常是來自被對手「狠狠擊中的那一剎那」！

當我們被對手使出渾身解數、狠狠擊中時，才知道「自己的弱點在哪」，而不會趾高氣昂、目中無人！

旅日棒球名將王貞治，過去曾經是日本職棒的「全壘打王」。有一次，王貞治在冠亞軍決賽中，奮力擊出一支全壘打；這寶貴的全壘打，使巨人隊榮獲冠軍，所以全隊的隊友都興奮地跑到球場中，把跑回本壘的王貞治高高抬起，大聲歡呼！

正當王貞治和全場球迷陶醉在勝利的喜悅時，王貞治的哥哥突然從看台跳下、衝向球場，把被人抬起的王貞治硬是拉下來，並且一巴掌打在他臉上。當時，王貞治愣住了，說：「我打全壘打，贏得第一名，你為什麼打我？」

未料，哥哥生氣地說：「你得第一名有什麼了不起？你現在要做的第一件事，就是趕快去向你的對手鞠躬、道謝！沒有對手的努力和刺激，你能得到第一名嗎？去！去！趕快先去跟他們握手致謝，再來說自己是第一名，也還來得及啊！」

的確，沒有對手的「激勵、打擊」，我們經常無法進步。當對手想超越我們、擊敗我們時，他必定傾全力地「精銳盡出」。但是，正因為我們早有「假想敵」，已了解「有強勁的對手的重要」，也有心理防備，所以就會小心翼翼、沉著應戰。

事實上，人最可悲的是「沒人督促、沒人鞭策」，也「沒有目標、沒有對手」。**當我們沒人督促、鞭策時，就必須懂得「自我鞭策」；當我們沒有目標、沒有對手時，就必須積極「尋找對手」，來激發「自我的潛力」。**

在日本，有一個漁村的老漁夫，專門以捕鰻魚為生；這老漁夫和別的漁夫不同，因為他所捕獲的鰻魚，回到岸邊時，總是活蹦亂跳、活力十足，所以大獲喜愛。而其他的漁夫呢，把捕撈到的鰻魚送回漁港時，鰻魚都已經奄奄一息，所以沒辦法在魚市場中，賣到好價錢。

為什麼會有這麼大的差別呢？到底怎麼樣才能保持鰻魚充滿活力？好多人都想知道這老漁夫的祕訣到底是什麼？原來，當這老漁夫在捕獲大批的鰻魚後，就會在鰻魚群之中，放進幾條鰻魚的天敵——狗魚。

鰻魚是很怕看到狗魚的，牠們幾乎都是互相在鬥咬；所以，當鰻魚驚見狗魚時，精神就全副武裝了起來，垂死的生命，也就奮力地不停亂竄，來捍衛自己！

英國文學家柯林斯說：「**人生求勝的祕訣，只有那些失敗過的人才瞭若指掌。**」

俄國作家契柯夫也說：「**人的眼睛，在失敗的時候，才會睜開來。**」

所以，一個強勁的對手，可能是讓我們「睜開眼睛」的重要關鍵，也是使我們邁向成功的「啟蒙恩師」啊！

▼勇敢開口，主動虛心請教別人

記得我前往美國威斯康辛州、米爾瓦基市的天主教馬凱大學就讀研究所的時候。第一天上課，就面臨到語言上的問題。這堂課是「傳播研究方法」，教授風趣幽默，留著大鬍子，經常用輕鬆的口吻與笑話，來引起同學們的興趣。只見同學們個個哈哈大笑，而我卻有如鴨子聽雷，不知所云。

也因上課聽不懂，無法寫筆記，所以我就仔細觀察，看「哪個同學最用功、筆記做得最勤快？」決定下課時，再向同學借筆記。

終於，我看到一個美國女同學很認真，她一邊聽、一邊快速寫筆記，幾乎右手都沒停過！下課後，我壯起膽子走向她，並對她說：「Excuse me, I am Charles.（下面的話，我還是用中文寫好了。）我可不可以跟妳借筆記？非常抱歉，今天是我來美國後的第一次上課，我聽不太懂，所以……不知道可不可以借妳的筆記，影印一下？」

那美國女孩微笑一下，但似乎也露出一些難色，「好是好啦，不過我是怕我上課時寫的字太潦草，你大概看不懂，影印了也沒用。」那女孩認真地說著，也順手拿出她的筆記本。

「沒關係啦，我影印一下，馬上就還給妳！」我鍥而不捨地說。

此時，我將她的筆記打開看——「哎喲，還真的看不懂！」

但我又不好意思當她的面說我「看不懂」，只好說：「沒關係，我可以回去慢慢研究、查字典……」

「不好啦，你看不懂啦！」那美國女孩不太好意思地說：「如果你真的要借我的筆記，這樣好不好，我回去後，用打字機打好字，再拿給你！」

我一聽，好感動，您相信嗎？這美國女孩回家後，真的用電動打字機（那時個人電腦尚未普及），把筆記一個字、一個字地清楚打出來，讓我一目了然地閱讀。而且她並不是只幫我「打一次的筆記」而已；這位熱心的美國女孩，因我「主動的開口請求」，她居然幫我打了「一學期的筆記」。

就這樣，她經常幫我修改作業、改正錯誤文法，也幫我預先練習口頭報告；甚至在復活節時，邀請我到她家和家人共度佳節。因此，我們成為好朋友。

問題，是沒有愚蠢的，人只有「不問問題」時，才會變得愚蠢！

凡是不知、不懂的事，都要「主動向人請教」；或許這有些難為情，但智慧卻因此而日漸加深。

有人說，世界上有百分之九十五的人，麻煩都來自「兩唇之間」。

的確，人的嘴巴如果一直囉哩囉嗦，一直講一些八卦消息、或對別人說長道短、或只會批評嘲諷……則麻煩的事將隨之而來！

相反地，如果我們懂得「虛心地請教他人」，製造「別人教導我們的機會」，則我們自然會從別人身上學習到許多寶貴的經驗和知識。

精進成長力

✧「天天超越自己」，是我們一生中必修的功課！

✧「強勁對手的催逼」，常是我們進步、成長的最大契機。人必須戰戰兢兢，從對手那兒學習到「致勝的技巧」。

✧每個人都要有「學習的對象」，甚至把他當成「可敬的對手」，追上他、趕上他、超越他！

「跌倒並不可怕，因為沒有人會看你跌倒；但，很多人會看你是如何站起來的？」

想要贏得漂亮人生，就要不斷充電、進步，以「開放的頭腦」、「開敞的心胸」，加上「積極的行動力」，開創出人生美好的下半場！

「等待機會，不如把握機會；把握機會，不如創造機會。」

ch.3

情緒

學會共處，
才能轉化為前進的動力

生活中少不了焦慮、沮喪、憤怒等負面情緒，
嘗試接納、消化自己的情緒，
轉念化為行動，
讓阻力成為你前進的動力。

學會與焦慮相處

過度的焦慮和不安，並不能對現狀有任何幫助，只會影響情緒，使自己更軟弱、沮喪。所以，快樂與痛苦，全在一念之間；摒除焦躁憂慮、凡事樂觀進取，即可「在地獄中建造天堂」。

▼切勿「杞人憂天、自尋煩惱、過度焦慮」

有一個老先生，經常失眠，所以醫生囑咐他，要服用安眠藥，免得睡眠不足，影響健康。

一天晚上十一點，老先生在床上看電視時，迷迷糊糊地睡著了，也睡得鼾聲時起。此時，老太太用力搖一搖正熟睡的老先生，說：「老伴啊，趕快起來！」

老先生揉一揉惺忪的睡眼，問道：「怎麼啦？醒來做什麼？」

老太太很關心地回答說：「醫生不是特別吩咐你說，每天晚上要服用安眠藥嗎？你今天晚上還沒有吃呢！」

有一個裁縫師傅也經常在夜裡失眠，所以白天時常精神不濟。他的朋友見狀，就告訴他，睡覺時試著數綿羊，大約數到「二百」就可以睡著了。於是，這裁縫師傅就決定晚上睡覺時，試著數綿羊。

可是，隔天這裁縫師傅與朋友見面時，眼睛紅腫，又是失眠一夜、沒睡好。

「你有沒有數綿羊數到兩百啊？」朋友問。

「豈止兩百？我數到四千時，本來就快要睡著了，可是突然想到——四千隻綿羊的毛剪下來，就可以紡織成一萬碼的毛料；而一萬碼的毛料，又可裁製成四千套的高級西裝。我的老天，這四千套高級西裝我要拿到哪裡賣？要賣多久才能賣完呢？我一想到這個問題，就煩惱得一個晚上都睡不著。」

人常常為許多事心煩，但是心煩的事，不一定真正值得我們煩惱；所以如果不該煩而煩，就是「自找麻煩、自尋煩惱」。而且，如果對根本不必操心的事，過度憂心和焦慮，則是杞人憂天，使自己陷入思緒的困境。

有時候人操心太多，想得太多，真是天下本無事、庸人自擾之。但，有些人就是放不下，常將許多重擔扛在自己的肩上，實在辛苦！而對父母來說，養育兒女也的確是一件累人的事，尤其是嬰兒時期，經常半夜哭鬧，難得安寧。

小楊就是這樣，嬰兒出生後，晚上總是睡不好；太太一聽到小孩哭叫，就推醒他：「你趕快起來，看看寶寶怎麼哭了？」

小楊受不了天天半夜起身哄小孩，就到書店買了一本《小兒夜啼終結者》的專書，特別花了兩天時間把它讀完。

當天晚上，寶寶哭鬧時，小楊總算能把握要領、對症下藥，使小寶寶躺在小床上，紅著小臉、舒服地睡著了。而小楊自己也很高興，終於能安穩地睡一覺了。

可是，睡到半夜，太太又緊張地把小楊推醒，說：「快，你趕快起來，看看我們的寶寶怎麼都不哭了？」

▼放下焦慮，就在一念之間

其實，人都會有不安、焦慮的時候。但是，**臨危時不能慌亂失措，使自己陷入歇斯底里的困境；更不能想得太多，而杞人憂天、庸人自擾。**

心理學家指出，人的焦慮，來自於本身的不安全感和不確定性；**因為有些人常抱持負面的「人性哲學觀」（philosophy of human nature），所以對於事情的想法，總是以「負面」的方式來思考，以致於造成心理壓力太大、得失心太重，而焦慮不安。**

俗語說，「傻人有傻福、天公疼憨人」；的確，如同老莊思想強調，人再怎麼操心、憂慮，都不能改變這個世界和宇宙，地球照樣運行無阻。

因為，「過度的憂慮」並不能對現狀有任何的幫助，只會影響情緒，而使自己更軟弱、更沮喪，或把自己弄得緊張、焦躁不安。

曾經擁有至高權力與榮耀的法國名將拿破崙曾慨嘆地說：「我一輩子的幸福日子，不超過六天。」

但是，「雙眼皆盲」且「耳聾」的海倫凱勒女士卻說：「哇，我覺得人生真是美極了！」

事實上，**快樂與痛苦，全在自己的一念之間**。因此，只要有心、用心、樂觀，即可「在地獄建造天堂」；相反的，凡事悲觀、憂慮、焦躁，也可能「使天堂變成地獄」。

林肯說：「**大多數的人，只要決心歡樂，就能夠歡樂！**」

有一個媽媽，帶著唸幼稚園的小女兒到市場去買菜；在挑選絲瓜時，媽媽挑來撿去，總是嫌絲瓜不夠細嫩，所以就忍不住對著老闆說：「怎麼這些絲瓜都這麼老啊？」

這時，站一旁的小女兒突然冒出一句話：「有沒有像我這麼年輕的啊？」

在場的人聽了，都哈哈大笑。

「天堂」在哪裡？就在你我的歡笑之中啊！

掌握情緒力

- 只要決心歡樂，就能夠歡樂。
- 凡事用心、樂觀，就能「在地獄中建造天堂」。
- 過度的焦慮、不安，常是「杞人憂天、庸人自擾」。

培養自己的情緒容忍力

人活著，不是在比「霸氣」，而是要比「智慧」、要「爭氣」！只靠拳頭、盛氣凌人，又有什麼用？以「實力、能力」來讓人服氣，來創造自己的命運，才是聰明有智慧的呀！

▼人不要「鬥氣」，要「鬥志」

有一位教工藝的劉姓老師，脾氣很暴躁，常對學生大聲吼叫，同學們心生畏懼，就稱他為「雷公」；久而久之，同學也都習慣以「雷公」的綽號來稱呼他。

一天，劉老師在交代竹藝作業時，一個同學突然誠惶誠恐地問道：「雷老師，請問竹子要去哪裡買？」

「什麼？你再說一遍？」老師故意問道。

「雷老師，請問竹子……」那位同學糊里糊塗地重述一次，只聽見老師拍桌大吼一聲：「好啊，你這臭小子，竟然膽敢改我的姓……什麼雷老師？」

我認識一個朋友——五十歲的男人，公司倒閉、被迫轉業，以致臨時找不到工作。一天，他騎著摩托車，在十字路口與計程車擦撞。計程車司機一下車，就指責他「沒長眼睛、瞎了眼，連摩托車也不會騎」！我這朋友心情不好，當然也就不甘示弱地回罵。

兩人在怒火中燒時，計程車司機又大罵髒話，這朋友一聽，火大了——於是這五十歲的朋友就撿起地上的鐵條，和司機拚命、幹了起來。

沒想到，司機也回車上，拿出暗藏的鐵拐鎖和扁鑽，怒紅了眼睛，沒命似地大幹一架！當然，最後兩人都掛彩了，而我這五十歲的朋友，被打得頭破血流，也被扁鑽戳破了腸子，躺在醫院急救一個多月，才出院。

人在「緊張」、「興奮」時，常常會亂了手腳、說錯話，或一下子忘記某些事情。

因為，人充滿著「七情六慾」，也有「喜怒哀樂」的情緒；高興時，笑得嘴都合不攏、手舞足蹈；緊張時，慌得手足無措、支吾結巴；憤怒時，氣得臉紅脖子粗、怒不可遏、拍桌吼叫，甚至動手動刀、大開殺戒！

人，或許是個「智慧的巨人」，卻也可能是個「情緒的侏儒」。

這侏儒，常告訴自己——「這口氣，我絕對嚥不下去！我非得去討個公道不可……我豁出去了，爛命一條，要死大家一起死……」

然而，人活著，不是比「氣盛」，而是要比「氣長」。

人活著，不能「鬥氣」，而是要「鬥志」！

人不能「爭一時」，而是要「爭千秋」呀！

▼別因為他人來懲罰自己

我曾有一個女學生，每次和男朋友吵架，就氣得跑去「剪頭髮」，所以愈剪愈短，極像個男生的樣子。有一次，理髮師就對該女生說：「妳幹嘛每次一生氣，就要把頭髮剪短？為什麼都要找頭髮出氣？妳的頭髮又沒惹妳。」

「我就是氣我那個死男朋友嘛！」女生說。

「氣妳男朋友？那妳為什麼不把妳的男朋友抓來『理光頭』？」理髮師說：「妳氣得把自己的頭髮剪那麼短，又有什麼用？」

是的，為了他人的緣故，而把自己氣死了，豈是個有「情緒智慧」的人？

所以，**我們必須培養「挫折容忍力」，學習做個「高EQ智慧」的人，切勿因別人的一句話，就把我們打倒！**

讓我們一起學習「樂觀風趣」，成為一個擁有「情緒自制力」和「自我驅策力」、不隨意生氣動怒，常保快樂的「EQ高手」，千萬不要成為「情緒的侏儒」哦！

世界知名大導演史蒂芬・史匹柏，是生長在基督教徒社區的猶太人，但因猶太人不過聖誕節，所以他們家是全鎮一片聖誕彩燈中，唯一沒有裝飾彩燈的家庭。史匹柏曾懇求父親也能點彩燈，以免被別人指指點點，但父親並未同意。

從小，史匹柏不太有自信，有些同學也對他有敵意，甚至欺負他。可是，史匹柏並不因同學的歧視而喪志，反而在他喜歡的電影中，力求表現；他嘗試用老舊的八厘米攝影機拍電影，拍恐怖片、拍喜劇片，讓同學們看到他「高人一等的能力和功力」。

如今，史匹柏是全世界頂尖的電影大導演，備受尊重；而過去歧視他的人，也都自掏腰包去看他的電影。

的確，**一個人只要心中有「善念」、「美意」和「正面向上的動力」，即使在黑暗中，也能看到美好的事物！**可是，人是很情緒化的動物，經常「動怒發火、暴跳如雷、爭執不休」，以致雖有明亮的雙眼，卻看不見眼前美好的事物。

人活著，不是在比「霸氣」，而是要比「智慧」，要「爭氣」。

只靠拳頭、盛氣凌人、咄咄逼人，又有什麼用？以「實力、能力」來讓人服氣，來創造自己的命運，才是聰明有智慧的呀！

一個人若沒有EQ智慧，只會比大聲、比兇狠，即使贏了口舌，甚至砍殺對方，又怎能算是贏呢？所以，「輸中有贏，贏中有輸」，**我們千萬不能為了「贏了一時，輸掉一輩子」啊！**

《佛光菜根譚》說：「前進，固然有道路，回首，也有一番天地；仰望，固然很遼闊，低首，更有三千世界。」

真的，天地很遼闊，處處有迷人的花香！

我們的「情緒忍受力」愈強、「挫折容忍力」愈高、「行動意志力」愈積極，那麼，我們成功的機率就會愈大！

掌握情緒力

- 「不為物喜，不為物牽。」學習靜心，勿隨意大喜大怒。
- 我們不能讓心中的「負向情緒」（negative emotion）一直擴散、蔓延；我們必須改變自己惡劣的情緒，走出心中的陰霾，畢竟能夠為我們改運的是——自己。
- 感情受挫、忿怒不已時，釋懷地笑一笑；因為，聖經說：「勿含怒到日落。」而且，西諺也說：「懷恨就寢者，是與魔鬼共榻」呀！

面對過不去的心情，轉念開始行動

許多事情，只要去做、用心地做、不停歇地做，就一定可以完成；可是，人的心情卻很奇怪，只要不想做、不願去做，則再怎麼簡單的事，也不會完成。

▼我們在抱怨時，對手正在進步

以前還在擔任老師的時候，有一位即將畢業的大四女學生曾跟我說：「戴老師，我們班同學今天和老師吵了一堂課！」

「為什麼？」

「因為系主任要求我們在畢業前，必須交出『畢業論文』和『畢業製作』兩項作業，如果交不出來，就不能畢業！」

女學生娓娓道來課堂上的師生衝突過程——

聽到學生抱怨，行銷學老師說：「其實，主任要你們寫論文和做畢業製作，也都是為你們好呀！」

「哪有什麼好？只剩下一學期，我們哪有時間同時寫論文、又做畢業製作？我們不可能每件事都要接受的。主任太霸道了！」阿中忿忿地說道。

「哎呀，有時候當學生要學著『接受一些規定』啊！」老師說。

「可是，我們也要學著『反對一些規定』啊！」啟文搶著插嘴。

「說真的，我覺得寫論文對你們的將來是有幫助的，你們可以從蒐集資料的過程中，學習到不少東西。」老師緩緩地說道。

「老師啊，你幹嘛一直幫主任講話？你是主任請來的『辯護律師』啊？」阿中又大聲地說道：「我認為，主任不應該強迫我們兩者都要做，而是想寫論文的人，就去寫論文；想做畢業製作的，就自己去完成作品……你看，人家真正的論文，是要花一整年的時間去寫，而且還不一定寫得好，現在主任卻要我們用不到一學期的時間來完成，這真是太莫名其妙、太不合理了，根本就是『程序嚴重瑕疵』。」

這時，行銷學老師說：「喂！你們這群小毛頭，這麼激動幹什麼？難道寫一份只有『十五頁的論文』，有那麼困難嗎？你們一直吵，吵了一、兩個星期，你們只要靜下來寫一寫，論文早就寫完了，何必浪費時間和精力，做無謂的抗爭呢？」

記得在一場演講時，我曾詢問台下的聽眾：「老師交代的作業或報告，你會提前一個星期交的請舉手？」

現場三百多人之中，只有一個男生勇敢地舉手。

我問他：「為什麼你會提前一個星期交？」

這男生回答我說：「因為，**只要提前開始，就可以提前結束！**反正老師的規定是不會改的，所以，早一點寫完報告，我就可以有更多的時間做其他事情！」

我很喜歡一句話：**「沒有過不去的事情，只有過不去的心情。」**

有時，我們很難去改變別人，也很難去改變環境，那只好「改變自己」、「改變心境」吧！與其一直埋怨、生氣，不如改變自己的心情，去做就是了嘛！因為，「合理的要求是訓練，不合理的要求是磨練」，不是嗎？

壓力，是向上激發的能量，而不是向下毀滅的打擊！

在壓力來臨時，我們都要靜下心來，接受它、面對它，然後把事情「做得更好、更完美」。

有時，我們覺得自己是贏的，沒想到後來卻是輸了。當老師要求寫作業時，很多學生就開始討價還價，要求作業愈少愈好，甚至大家不用寫作業、不用考試，全都高分過關最好！可是，當你畢業後，你會發現——「愈嚴格的老師，教導我們愈多！」、「愈輕鬆、愈不用寫作業的老師，其實最混，什麼都沒學到！」

因此，要贏、要輸，完全看自己的想法與抉擇。

作業少一點、工作少一點，是幸福嗎？未必！

老師嚴格一點、報告多做一點，是吃虧嗎？也未必！人若寬鬆對待自己，正顯示自己的無知。我們若能謙卑一點，「少埋怨、多閉嘴」，就能多學習到許多知識，而老闆也就會更器重我們。

▼挫折，是年輕人最好的禮物

唸高中時，班上有位調皮的男生，成績普通，並不傑出。一天，物理老師發下一道艱深的試題，要同學當家庭作業。隔天上課時，每個同學幾乎都答不出來，可是，那調皮的陳同學卻解出來了！

「陳××，你老實說，這作業是不是你哥哥幫你做的？我知道你哥哥的物理很厲害，去年我教過他……」老師問。

「是我自己做的啊，老師，你怎麼可以誣賴我？」

「少來，你少騙我了。」物理老師站在台上嘲諷地說：「你的程度我很了解，不用騙我啦！」

當時，我轉過頭，看到小陳低著頭、抿著嘴，眼眶閃著淚水。他沒有再回嘴，只是一直低著頭，假裝看著書，而他的眼淚，也一顆顆地滴在課本上。

聯考放榜後，爭氣的他，考上台大物理系。畢業、當兵退伍後，他更留學美國，現在，已拿到「物理學博士」的學位回國。

而我，永遠忘不了在高中時他對我說的一句話——「那一題，明明是我自己做對的，他（物理老師）幹嘛不相信我，還當眾嘲笑我、瞧不起我？以後，我的物理，一定要比他更厲害！」

的確，人，都有失意、不順遂的時候，然而，我更相信——**「挫折，是年輕人最好的禮物！」**

人只有在遭遇挫折，被他人百般刁難、歧視、嘲諷時，才能「打醒自己」，讓自己被「當頭棒喝」而驚醒過來——這豈不是一生中最珍貴的禮物？

其實，換個角度想，**「生命中的每個挫折、每個傷痛、每個打擊，都有它的意**

義。」

當別人輕視我們時，就必須「給他顏色看看」！不是用拳頭去「揍他、打他」，而是「比能力、比實力」——有一天，我要「比你更強、比你更棒」！

因此，**不要怨恨那些「扯我們後腿」的人，也不要一直活在「別人輕蔑的言語」之中；相反地，要「心存感激」，正因他們的扯後腿、他們的輕蔑，才讓我們「記起被侮辱的教訓」——這也是我們一定要成功的原動力啊！**

掌握情緒力

✧ 如果現在的挫折，能帶給你未來幸福，請忍受它；如果現在的快樂，會帶給你未來不幸，請拋棄它。

✧ 人總是要面對困難、迎接挑戰，因為，在人生的戰場上，當我們在休息時，對手卻是在拚命呀！當我們在抱怨時，對手卻正在進步呀！

✧ 「少怨氣，多福氣！」在面對一些不合理的要求時，告訴自己——受苦，是一種激勵，而不是挫折。

別因為他人影響自身情緒

俗話說：「踮腳走路，是走不遠的。」一個過於小心、太在意別人眼光的人，是放不開、不能邁大步向前走的。

▼別在別人的舌頭裡找肯定

有一次，趁著到南部演講的機會，我去拜訪一位剛認識不久的劇團團長；在參觀表演練習教室時，我很訝異地問團長說：「咦？這個教室怎麼沒有鏡子？一般舞蹈教室的四周，不是都會有鏡子嗎？」

「對，舞蹈教室裡都會有整排的鏡子，那是因為舞者必須看自己的舞姿是否漂亮、動作是否正確、或整齊劃一？」團長對我說：「可是，我們戲劇表演不一樣；

如果每個演員在演戲時，都一直看鏡子裡的人是不是漂亮、或在意自己的動作是不是優雅？那演出來的戲就會很怪、很不自然……」

該團長又說：「表演戲劇的人，就是要自然、要入戲、要忘記自己。就像男女生在吵架或摔杯子時，吵得很兇，摔得很自然；可是，如果演員在吵架、摔杯子時，還盯看著前面的鏡子，一定覺得自己很醜、很粗暴、很難看，表演出來的動作就不真實，會很假！」

哇，團長這麼一講，真是很有道理！

人，如果一直活在別人的「眼光中、舌頭中」，就像是一直盯看著前面的鏡子，就不能表現出真實的自己。

就像前面曾經提到，記得我剛進藝專時，我主動參加演講、辯論、詩歌朗誦等比賽，卻都沒有得名。同學就笑我：「戴晨志，你不要再參加比賽了好不好？我們廣電科的臉都被你丟光了，有參加必敗……」可是，我覺得沒有關係，因為，只要我「敢站上台」，就是戰勝自己、就是克服我自己的心理障礙。

為了訓練膽量，我跑到學校操場的司令台、公園的舞台，站到台上練習演講；坐公車時，沒位子坐，就站著，手拉拉環，開口朗讀車廂廣告中的文案。我不管別人的異樣眼光，也不管別人是否視我為神經病，我就是從容地唸著。

去看球賽時，我也坐在觀眾席上，把自己當成是個「體育記者」一樣，試著轉播球賽的進行。我不去在乎別人的眼睛和舌頭，我就是我，我在自我訓練！

真的，太在意別人的眼光和評價，我們可能什麼事都做不好。我們何必「在別人的舌頭裡找肯定」呢？**生命的價值，不是去「迎合別人的舌頭」，而是在「超越自己」呀！**一直看著鏡子的人，怎能把戲演好呢？

在「鏡中之我」中，我們可以打扮得體面、漂亮；但，在真實的「人中之我」中，我們就要忘記鏡子，勇敢地活出自己、揮灑自我。

▼發現自己的優點，用亮眼表現奪得佳績

在二十世紀初期，俄國有一名非常著名的畫家名叫康丁斯基。一天，他從外頭

回到家，看到一幅畫實在很漂亮、也很有意思，可是不管他怎麼看，也看不出那到底畫的是什麼？

康丁斯基端詳了老半天，後來他終於明白了，原來，那是他自己的畫作，只不過它「不小心被放反了」；可是，畫放反了，也是很有創意、很好看，從此，抽象畫誕生了，而他也成為一名「抽象畫大師」。

有時候，人有不同的特長和優點，正的看不錯，反的看，也很好看！剪短髮，很俏麗；留長髮，也很有氣質！唱個歌，很好聽；演起戲，也很有架勢……

可是，您知道嗎，不是每個人都會給我們掌聲的！有些人，就是喜歡在背後「說壞話、潑冷水」，總是看不得人家好！真的，一直鼓勵我們、稱讚我們的人，實在不多！有些人甚至盡說些風涼話，或故意找些碴，希望我們出糗、出洋相。

然而，**我們不能一直活在別人的舌頭裡，我們就是要肯定自己、活出自己！**不管別人如何挑剔我們，我們就是要完成一些別人認為不可能的工作。

真的，**「只要有人的地方，就會有毒舌派、毒舌頭！」**

毒舌頭，可以將我們打敗，或把我們的信心打得潰爛；但，毒舌頭，也可能讓我們記取教訓、重拾信心、不屈不撓、把悲憤化為力量，進而漂亮地完成不可能的任務。

在雅典奧運的女子體操賽中，有人認為，部分裁判對於東歐的體操強國，如俄羅斯、羅馬尼亞及烏克蘭，採取比較嚴格的評分，而對美國則是較為寬鬆。

不過，裁判公不公平，是一件很主觀、不易認定的事，很難因抗議就會奏效。後來，比賽到了最後一項自由體操，強隊羅馬尼亞隊最後上場；她們不管裁判公不公平，只靠實力說話，她們全神貫注、奮力一搏！因為，只要動作稍有失誤，金牌注定會拱手讓人，再怎麼抗議都沒有效。

正當所有選手睜大眼睛，盯看著最後的比賽時，羅馬尼亞的女選手，不慌不忙地發揮實力——最後一位選手，跳完所有的動作時，像大將般穩穩落地，毫無瑕疵、完美無缺、無可批評，裁判縱使想偏私地扣她分數也沒辦法。最後，羅馬尼亞隊終於蟬連奧運女子體操金牌！

真的，**不管別人的舌頭如何取笑我們、嘲諷我們，我們都不必去理會；因為，我們所要做的，就是——「全神貫注、奮力一搏」，用自己的傑出表現，來封住別人的嘴巴，也用完美的演出，來奪得金牌！**

掌握情緒力

✧ 人，必須懂得自我肯定、自我強化，不要一直「囿限於自己的短處」，而是要懂得發揚自己的長處啊！

✧ 人的情緒常被外在的人、事、物所影響，然而，我們需要學會放開心胸，換個心情——否則，「惱怒」會將我們理智的燈火吹熄，大仲馬說：「憤怒，是片刻的瘋狂」，我們不能不防呀！

✧ 「世界上沒有不好的事物，只有不好的眼睛。」有時候，讓我們忿怒不已的，不是別人，也不是不順遂的環境，而是我們自己看事情的角度。

ch.4

人緣

建立舒適的人際網絡

用心待人，別人才會用心待你。

可靠的關係與情誼無法輕易得來，

更需要用心維持，

但這些關係將會成為你最堅強的後盾。

勇敢拒絕，學會說「不」

要認真地過每一天，也要懂得「趨吉避凶」，遠離誘惑與頹廢，千萬別讓自己的「夢想」，變成「絕響」啊！

▼寧走十步遠，不走一步險

以前曾經遇過一位從馬來西亞到台灣就讀大學的學生，很用功，也積極參加社團；他的成績也超好，期中考生物考了一百分；而且他經常參加各項演講比賽，靠得名次、拿獎金，在台灣認真唸書……

當然，這麼用心讀書，無非是希望得到好成績，因只要學期成績是班上前三名，就可以「學雜費全免」，另獲八千元獎學金，真是太棒了！

學期結束後放寒假，過農曆年，這僑生沒有回馬來西亞；他的同學小鼎打個電話問候他，也詢問成績超棒的他，學期成績是否前三名，可以拿獎學金？此時，只聽見那僑生難過地不太想說話。

「怎麼啦？」小鼎問。

「沒什麼啦，成績超爛的，是二十四名！」

「怎麼可能，你的成績那麼好，至少是前五名，怎麼可能是二十四名？」小鼎不解地問。

後來，他才吞吞吐吐地說：期末考的前一個晚上，有一些同學吆喝，一起去「夜唱」——一起到KTV唱歌，不睡覺，唱個通宵。這乖巧的僑生看大夥兒都去，自己如果拒絕、不去，很掃興，可能就會被視為「異類」、「不合群」。於是，他就勉強地跟一群男、女同學去夜唱，唱了一整晚，直到天亮才回寢室。

你知道嗎，一晚沒睡，都在盡情唱歌、狂歡，太累了；本來只想睡兩、三小時，就要到學校考期末考，但他竟然睡到下午三點才醒來。這一覺醒來，差點嚇死了，因他已經錯過了期末考的時間，所以，原本生物最棒的他，學期成績只得到四十七分，死當（不及格），明年必須重修。

怎麼辦，成績那麼好，卻只為了「面子」，不好拒絕別人而去了一次夜唱，竟然睡過頭，誤了大事，令他搥胸頓足、懊悔不已！

「我……我真的不知道怎麼跟我爸媽交代……」這僑生悔恨地說：「我真沒臉回去見我的家人……早知道，就不應該去夜唱！」

一些大學生除了「夜唱」之外，也流行「夜衝」，就是半夜不睡覺，騎摩托車整晚夜遊、四處衝，還說要「爆肝」，要玩瘋、玩到把肝爆掉！

唉，真是一群魯莽、無知的年輕人呀！怎不知，**人必須有智慧地「自律」──自我嚴律，才能「趨吉避凶」啊！**有些事，明明有凶在前，為什麼不懂得避開，還要呆傻地往前衝，衝到「爆肝」、「死當」。

孩子，你知道嗎，你在馬來西亞辛苦存錢供你唸書的父母，若聽到你「爆肝」，或聽到你的「成績死當」，明年還必須花錢重修，他們會是多麼心痛呀！

古人說：**「寧走十步遠，不走一步險。」**

的確，**「尊榮，只屬於自律與堅持的人！」**

甩開「面子」與「不好意思」吧！該拒絕的，就要勇敢「Say No」。凡是有礙你成功的事，你必須勇敢拒絕、遠離。凡是有助你成功的事，就必須積極行動、劍及履及。

人，就是要有原則，也要懂得趨吉避凶、自我約束，而不能盲從啊！

▼找到目標，別讓生命自我毀滅

報載，新竹警方破獲了一處職業賭場，而令警方驚訝的是，其中五名賭客，都是知名學府的大學生，除了清華、元智的學生，還有交通大學的碩士生。

這些學生看到警方上門，全都嚇了一跳。他們說：「只是小賭而已啦，我們又沒幹嘛，腦力激盪一下，訓練腦力而已，沒那麼嚴重吧！」

警方調查指出，一些賭場經營「德州撲克」賭局，也提供宵夜、冷飲、香菸；

錢不夠，還可以向賭場借。而賭場莊家也供稱，學生比較單純，不會詐賭、賴帳，所以該賭場以招攬學生為主。

「名校大學生、混跡賭場」，這，是多麼讓人心痛啊！

《天下雜誌》過去曾做過一項「生命教育大調查」顯示，近半大學生「不知道自己要做什麼」，或「不管做什麼，都沒有意義」；對自己，也全然沒有信心。

面對這種「迷航人生」，大學生必須「自覺、自醒、自立、自強」呀！

生活萎靡、學習沒目標！搞什麼「夜唱」、「夜衝」、「爆肝」、「聚賭」，還辯稱「只是訓練頭腦、激盪腦力」，真是讓生命自我毀滅呀！

曾經來台打籃球的洋將尚恩，在球場中，他不貪功，又會打球，他說，他喜歡在亞洲打球，因為他喜歡「有被需要的感覺」。

尚恩在自己右臂上刺著「No Struggle」，左臂上刺著「No Progress」。這左右兩句話加起來，就是——**「No struggle, no progress.」（沒有努力，就沒有進步）**。尚恩說，這就是他的座右銘。

人，一定要認真地過每一天，也要懂得趨吉避凶，遠離誘惑與頹廢。

千萬別讓自己的「夢想」，變成「絕響」啊！

增進關係力

- 在該說「不」的時候，就要勇敢開口說「不」！
- 「一個人顧慮太多，往往會是失敗。」、「一個人聽信太多，也往往無所適從。」
- 如果對自己不喜歡的事，不敢勇敢地說「不」，而拖泥帶水，反而會一事無成。

建立正面回饋，培養健康的友誼

鳥需要巢，蜘蛛需要網，人則需要「友情」。
讓我們成為不吝嗇於付出、不吝惜於伸出友誼之手的人。

▼讓我們「不吝惜伸出友誼之手」

那是一個秋後的下午，雪珍懷著依依不捨的心情，結束探視在金門服役男友之行，即將搭船返台。

「姊姊，幫我買一束花好不好？一束一百五十元！」一位七、八歲的小女孩走過來，向雪珍兜售鮮花。

雪珍看了一下，是盛開的玫瑰花，約有十朵，蠻漂亮的；但是，雪珍心想，都要離開金門了，沒必要買花了，所以就向小女孩微笑，並搖搖頭。

碼頭上，還有其他阿兵哥、居民，和從台灣來探視服役子弟的旅客，都一直在等候上船。

過一會兒，小女孩又走了過來，向雪珍說：「姊姊，幫我買一束花嘛，好不好？一束一百元就好，這花很香、很漂亮哦！」雪珍依然回給小女孩一個微笑、搖搖頭。

小女孩失望、無奈地離開，繼續向其他乘客兜售花束。

又過一會兒，小女孩又跑了過來，幾乎有點乞求地說：「姊姊，幫我買一束花好不好，一束五十元就好、五十元就好！」

雪珍心想，實在不需要花了，所以，仍然對小女孩微笑、搖搖頭。

不久，乘客終於可以登船了，雪珍和大家一樣，陸續上船。為了體驗「乘風破浪」的感覺，雪珍站在甲板上，希望能看著金門島慢慢遠去。

後來，船發動了，雪珍身子有些搖晃、站不太穩；當她抬頭看著前方碼頭時，只見小女孩大聲地說：「姊姊，我把花送給妳！」隨後，小女孩就把一束玫瑰花，很用力地丟了過來。

這時，雪珍愣住了，她接住小女孩丟過來的一束花，驚訝地說：「妳為什麼要把花送給我呢？妳還可以把花賣給其他人啊？」

小女孩站在碼頭上說：「姊姊，你們這艘船回台灣後，下一艘船再到我們金門來，不曉得是幾個禮拜以後的事了，我的花都凋謝了！沒關係，我把花送給妳，祝姊姊一路順風、一路平安！」

小女孩一邊說，一邊露出可愛的笑容，向站在甲板上的雪珍揮揮手！

此時，雪珍抱著玫瑰花，不知所措，她甚至有一股衝動，想把身上所有的錢都掏出來，丟給站在碼頭上可愛的小女孩。

可是，船已經緩緩駛離碼頭，眼前看見的，是一個小女孩的「真摯笑容」和「揮手祝福」，但是，小女孩的身影，卻漸行漸遠……

雪珍的眼眶模糊了，濕紅了！

她在想，恐怕這一輩子，再也沒機會看見那天真可愛的小女孩了，但是，她卻平白無故地接受小女孩真心送給她的一束玫瑰花！而她自己，竟然那麼吝嗇於給對方一個善意、一個買花的小小幫助。

溝通心理學中提及「**交換理論**」（exchange theory），**意即人際關係是「相互交換」、「互惠、互饋」的**；人們都希望別人給予自己一些幫助，而這幫助有時是金錢的、物質的，有時是動作的，或是言語的、說話的。

所以，**在我們獲得別人給予「正面幫助」和「正面酬賞」後，我們也須給對方相互的正面回饋，來增進雙方的情誼。**

有一個自私、脾氣不好的男人，應邀去看一棟兩層的房子。進了第一層，看見裡面擠了許多人，而每個人都被綁在十字架上；因為每個人在世上，都有很多勞苦愁煩的事，就像揹十字架一般。

由於那些人都被綁在十字架上，所以動作很不方便，肚子餓時，大家的手都不能動，只能低頭「以嘴就碗」，搶著爭食，所以每個人吃得嘴巴髒兮兮，甚至打破好幾個碗。

脾氣不好的男人再走上二樓，發現裡面也是擠了很多人，每個人也都是被綁在十字架上，但是他們都很快樂地唱著詩歌；吃飯時，每個人也都吃得嘴巴很乾淨、沒打破碗、沒弄髒衣服。

為什麼呢？因為二樓的人，雖然雙手都被綁在十字架上，但吃飯時，他們都用還能活動的手指，「拿自己的碗，給對方吃」，所以，每個人都能吃得很飽、很高興！

是的，**「拿自己的碗，給對方吃」的人，是真正有福的**。給他人一個稱讚、一個幫助、一個施予，更是人間最寶貴的禮物。

一個EQ高手，除了有「利己」的想法外，也應多學習「利他行為」

(altruism)，不會因吝嗇於主動幫助他人，而使自己變成後悔不已的「虧欠者」。

▼用心待人，就會遇到天使

其實，我們都很需要學習「人際溝通」，畢竟我們每個人都有自己的脾氣，常自以為是，或站在自己的角度來看事情，以致於與別人發生不愉快。

有時我們覺得自己很理性、客觀、待人公正、一視同仁；可是事實上，我們心中還是會有「偏頗、好惡、喜憎」，以致在溝通時造成「偏私、歧視、自我中心」。

且讓我們記得——

「當我們在挑剔別人時，別人也在挑剔我們啊！」

「心存感謝，多品嚐別人的好，心情就會更快樂！」

在愁煩苦悶、解不開心結時，不妨「腦袋拐個彎」，多想別人的優點、多品嚐著他的好，則一切憤怒和不悅，就會煙消雲散了。

也因此，**「人的愁煩、計較，使人蒼老。」**

相反地，**「用心待人，就會遇到天使！」**

因為，存著一顆善良的心來對待別人，說不定就會接待到一位令我們歡喜的「貴人」和「天使」呀！

增進關係力

✧「一個稱讚、一個幫助、一個施予」，就是人間最寶貴的禮物。

✧有「利己」的想法，也要有「利他」的行為，不吝嗇地幫助別人。

✧我們的嘴巴，常吝於給別人誇讚，可是，卻又期盼別人給我們誇讚。其實，溝通時，只要「不虛偽、不言過其實、不顛倒是非」，適度地稱讚一下對方、或表達自己「對別人的正面感受」，都常有助於雙方感情的建立，而達到溝通的效果。

設身處地，傾聽別人的感受

人常以「想當然爾」的思考，來做判斷，甚至指責別人；然而，自我的角度不一定絕對正確，必須「站在對方立場」來設想，才不會使自己生一肚子氣、又錯怪別人。

▼肯替別人想，是第一等學問

古時候，曾有縣太爺、駙馬與員外，在一起飲酒作樂，並欣賞窗外的靄靄白雪。縣太爺酒一下肚，詩興大發，就提議以「瑞雪」為主題，來吟詩作對。駙馬聽到縣太爺的提議後，馬上有了靈感，即舉杯說道：

「白雪紛紛落地……」

縣太爺一聽，太簡單了，立刻應聲對句：「此乃皇家瑞氣！」

在旁的員外也唸了點書，所以搖頭晃腦地吟道：「再下一年何妨？」

此時，一個蹲在門外冷得一直發抖的乞丐，探頭進去大聲罵說：「放你娘的狗屁！」

人經常站在「自我」的立場和角度來看待事物，所以在縣太爺眼中，大雪是「皇家瑞氣」；而員外不怕嚴寒，「再下一年」無妨；只是，可憐的乞丐，只能以「放你娘的狗屁」，來表達內心的痛恨與不滿。

其實，大部份人都很「自我、自私」，也常從自己的立場來評價別人。

在美國，曾經有一營的士兵，到一家大型劇院集合，聆聽當地新的地區司令官講話。司令官講得口沫橫飛，也談到「安全問題」的重要性；接著司令官話鋒一轉，問道：「你們到這裡來時，有多少人坐車繫了安全帶？」

劇院中五百多人，只有寥寥幾個人舉手。新司令官臉色很難看，顯然是很不高興，也大聲責備這些士兵——「不遵守交通規則，拿自己生命開玩笑！」

此時，隨從副官趕緊走向前去，低聲向新司令官說：「他們的營房就在馬路對街，他們大部份都是走路過來的。」

人們常以自己「想當然爾」的想法和思考方式，來做判斷，或指責別人；然而，**自我的角度不一定絕對正確，必須善用「同理心」，站在對方立場來設想，才不會使自己生一肚子氣，還錯怪別人。**

所謂「同理心」，簡單地說，就是**「將心比心、了解他人的感受」**，同時，也必須善於傾聽，讓對方有講話的機會。假如每個人都只站在自己的立場想，而忽略掉他人的情緒與感受，則會產生「同理心鈍化」，而變成「冷漠、自私、無情」。

古人說：**「肯替別人想，是第一等學問。」**

的確，一個EQ高手，必須凡事都應儘量設身處地為他人著想，因為「己所不欲，勿施於人」啊！

▼角色互換，多想別人的感受

要別人如何待你，你也要如何待人。**世界上最容易的事，是論斷別人；最困難的事，是認識自己。**在利害相關的事臨頭時，我們常只顧自己的利益、或論斷別人，卻看不見自己自私的本性。

有個商人在商場上頗為得意，賺了很多錢，可是他常覺得心裡很空虛，因為商場上的朋友常是爾虞我詐、各有心機，很難有知心、真誠的好朋友。

一天，一前輩帶這商人到玻璃窗前，問他：「你告訴我，你看到什麼呢？」這商人有點莫名其妙，不太情願地說：「看到馬路、車子啊！對面還有高樓大廈、也有招牌、公車站牌，人行道上也有媽媽帶著小孩……」

「沒錯，你都看到了。」這前輩又拉著商人到一面鏡子前，再問他：「現在，你再告訴我，你看到什麼？」

那商人有點不耐地說：「當然是看到我自己啊！」

「嗯，沒錯，是看到你自己！」前輩笑笑地對商人說：「你有沒有想到，『窗戶』和『鏡子』都是玻璃做的，可是鏡子裡只多了一層水銀，就會讓你看到自己；我們人也是一樣，當一件單純的事，多了一層『利害關係』時，我們的眼中就會只有自己、沒有別人了！」

人就是這樣，每當遇到「利害相關」的事時，我們就會只「看到自己、沒有別人」。

古希臘哲學家說過：「世界上最容易的事，是論斷別人；最困難的事，是認識自己。」

是的，在利害相關的事臨頭時，我們常只顧自己利益、或論斷別人，卻看不見自己自私的本性；但，如果我們能時常觀照自己、也常想到別人的感受，相信別人一定會感受到我們散發的同理心。

「**你們願意別人怎樣待你們，你們也要怎麼待別人。**」——這句《聖經》上的話，相信可說是人際溝通的黃金法則啊！

其實，人往往只看到自己，是一種天性，無可厚非；但，有一西洋哲人說：「**如果成功有祕訣，就是要理解他人立場——當立足自己立場時，也擁有站在他人立場觀察事物的能力。**」

▼將心比心，角色互換

演講時，我喜歡伸出我的左手掌，詢問聽眾：「現在，你看到了什麼？」

有人說：「手！」

有人說：「看到五……五根手指頭。」

也有許多人七嘴八舌地說：「看到NO，拒絕！」、「看到打招呼！」、「看到交通警察舉手，說STOP，禁止通行……」

的確，同樣一個手勢，每個人看到的答案，都不一樣。

因為，我們總是很習慣地從「自己的角度」去看事情；而對方，也是會用「他的角度」去看事情。正因為大家都會站在自己的「角度和立場」來看事情，較少顧慮到對方的立場，所以，就會有許多衝突和糾紛發生。

然而，**只要我們學習「設身處地、體貼他人」，試著站在對方的立場來看事情，就會減少許多衝突和不愉快。**

增進關係力

- 將心比心，肯替別人著想，才能贏得友誼。
- 「己所不欲，勿施於人」，要別人如何待你，你也要如何待人。
- 論斷別人，很容易；認識自己，很困難。

微笑與尊重，是培養關係的不二法門

笑，是人與人溝通之間最短的距離，也是溝通時最有效的方式。再怎麼不合的人，只要在見面時笑臉相迎，必能減少許多摩擦與衝突。

▼笑容，是人際溝通的潤滑劑

有一次，在一家速食店裡，我看到一臉上有疤痕的女工讀生；她到處拖地、擦桌子、倒垃圾，忙進忙出，看到客人時，也發自內心喜悅、滿臉笑容地說：「歡迎光臨！」而經過每個桌子、看到客人時，她也總是笑嘻嘻地說：「您好！」

不久，一個小朋友不小心把飲料打翻，這女工讀生一臉笑容地說：「沒關係、沒關係，我來，我來擦，小朋友要小心，不要滑倒哦！」

女工讀生雖然臉上帶有疤痕，可能是以前意外割傷的痕跡，但她「溫柔的語氣、滿臉的笑容」，讓現場所有客人感到無比的溫馨與感動。讓人覺得，這真是一幅極美的畫面啊！

因此，**人與人的溝通，「笑容」是一個很重要的潤滑劑**。

有人說：**「笑口常開，鐵定到處吃得開！」**

一個經常面帶笑容的人，一定是喜歡自己、喜歡別人、喜歡人生的人；即使面對著沉重壓力，亦可散逸出愉悅心情，使別人也可以感染到一股甜美、快樂、喜悅的氣氛。

東方人與西方人有很大的區別，就是東方人常患了「視覺恐懼症」。

一般來說，西方人，不管是美國人或英國人、法國人，還是德國人，遇見陌生人時，只要視線相投，就會面露微笑、或自然地點頭說聲「嗨」！而我們東方人與陌生人相遇，視線相投時，就好像做壞事一般，立刻眼神向下看，或避開視線，假裝沒看見，不是嗎？

「笑容」是打破陌生的第一步。在加入一個新環境，或面對一群陌生人時，「微笑」常是攻心的最佳利器。若我們對遇到的人，都微微一笑，別人也會對我們點頭微笑；有了善意的互動，大家就會互有好感；有一天，別人會說：「就是那個笑瞇瞇的女生嘛，好像滿好相處的哦！」

在人際互動中，除了微笑之外，也必須常**「記住別人的名字」**。因為，微笑是發自內心的溫暖，也是表示對別人感興趣；而記住別人名字，更是「看重對方」的具體表現。

因此，**「微笑、讚美、勤問候」，是我們溝通時的必修功課；而「微笑、謙懷、記名字」，也是讓我們在人際互動中，無往不利的妙招！**

▼看重自己，尊重別人

有一家生意很好的點心店門口，來了一個衣衫襤褸、身上散發出一股怪味的乞丐；周邊的客人見狀，都忍不住皺起眉頭，臉上露出嫌惡的表情。

此時，店員立刻揮手，叫乞丐趕快離開，以免影響到其他客人。可是，乞丐卻拿出幾張髒兮兮的小額鈔票和銅板，拼湊在一起，畏縮地對店員說：「我……不是來乞討的……我聽說這裡的點心很好吃……我好想吃……我這些錢，是不是可以買一些包子、點心……」

正當店員要趕走乞丐時，老闆立刻走上前，雙手奉上兩個熱騰騰的包子和其他點心，恭敬地遞給乞丐，並深深地對他一鞠躬，微笑地說道：「多謝您的關照，歡迎再度光臨！」隨後，老闆也收下乞丐手上的錢。

以前，不論多麼尊貴的客人來買點心，老闆都是交由店員們來招呼，可是，這次面對一個乞丐，老闆卻是破天荒地親自招呼客人，而且竟是如此恭敬、客氣。

為什麼呢？

老闆說：「那些經常來我們店裡消費的客人，我們當然都十分歡迎，可是，他們都是有錢人，買個點心對他們來說，是一件很平常、很容易、很普遍的事……但是，今天來的這個客人卻是不一樣，他為了品嚐我們做的點心、包子，花很多時間去乞討錢、拼湊錢，我不親自為他服務、謝謝他，怎麼對得起他的這份厚愛？」

「可是，那你為什麼要收他的錢呢？」身旁的孫子一臉不解地問。

這時，老闆笑笑地回答：「他今天來我們的店裡，不是一個乞丐，不是來討飯、討錢的，而是以一個客人的身分來買東西，所以我們應該尊重他……如果我不收他的錢，對他來說，豈不是侮辱？所以，我們一定要記住，要尊重我們每一個顧客，哪怕他是一個乞丐，因為，我們的一切，都是顧客所給予的。」

上述故事的這位老闆，就是兩次被《富比士》評為世界首富的日本大企業家堤義明先生的爺爺。

爺爺對乞丐恭敬鞠躬的舉動，深深烙印在當時只有十歲的堤義明腦海裡。

後來，堤義明成為大老闆、企業家，曾多次在集團員工培訓會上講到這個故事──**「要像爺爺一樣，敞開胸懷，用心尊重每一個來店的顧客。」**

我們每個人都在學習——「看重自己，尊重別人」。我們都期待受到別人尊重，但人若不先「尊重別人」，一定會讓別人心裡很不舒服，也會影響到人際之間的感情和互動。

增進關係力

- 微笑、讚美、記住別人名字，就能無往不利。
- 「問候」是一個重要的開端；笑臉迎人的時候，最能表現出善意，也能減輕最初見面的不安，而搭起雙方互動的橋樑。
- 「開朗的笑容、誠心的問候」，常是拉近彼此距離的好方法，因為，沒有人會因為接受「問候、請安」而不高興。

多看別人的好，別針對別人的不好

我們常以「有限訊息」去判斷一個人，也常以「自我中心」去批評別人；可是，我們對別人的「初始印象」，有時不一定是正確的，可能會有判斷錯誤的情況。

▼發掘別人優點，欣賞別人長處

以前在「溝通心理學」的課堂上，我常會請學生上台玩遊戲。有一次，我請兩個學生上台，要他們想一個「自己不喜歡的人」，並說出三個不喜歡他的理由。

哇，完蛋了，這有點麻煩耶！因為，在公開場合稱讚別人比較簡單，可是要說出「不喜歡某人」，還要講出三個理由，那就有點傷腦筋了。不過，遊戲嘛，不必太認真，只是課堂上的學術性討論，應有言論免責權。

首先，是李同學，她說：「我不喜歡〇〇〇！」〇〇〇是某位主持人。

「為什麼？」

「因為，我覺得他那個造型很浮誇！而且，他常常傳出不同緋聞。」

「妳只講了兩個缺點，還有嗎？」我問。

「對了，他還喜歡開黃腔。還有，報上說，他很大牌，錄影時常發脾氣！」

接下來，是一位呂同學，她面對大家說：「我不喜歡●●●……我覺得●●●很常穿得很露；而且，我……我個人覺得啦，她沒有很聰明。」呂同學不太好意思地說，她則是以一名歌手作為例子。

「為什麼呢？」我問。

「因為她雖然天賦很好，有一副嘹亮的好嗓音，但不像其他藝人，能唱、能彈、又能創作曲子……有一次，她參加電視節目，連一些很簡單的益智性遊戲問題都答不出來！」女生說。

此時，兩位同學以為結束了，但我說：「慢點，遊戲還沒結束。**剛剛你們是講不喜歡的人的『三個缺點』，現在，你們還要再以同樣一個人，說出他『三個優點』**。」

李同學思考了一下，說：「其實，平心而論，○○○非常有才華，他非常幽默，機智反應也很快，主持電視節目一把罩，有大將之風。而且，他『說學逗唱』樣樣都行，任何樂器都會演奏，連吉他也會彈呢……再說，他除了是藝人之外，經營副業也很厲害。」

接著，輪到呂同學了。她說：「說真的，剛剛我講●●●的缺點，是被老師逼出來的；其實，我自己也滿喜歡她的，因為她除了聲音高亢、嘹亮之外，舞也跳得很好、舞步很創新。而且，她在台上『很有自信』，也『很敢秀』！她不怯場，抓得住觀眾口味，也懂得營造演唱會現場的氣氛，是一個很成功的藝人！」

兩個同學下台了，可是這一堂課學習到什麼呢？

有時，我們很討厭、很不喜歡某一個人，我們可以說出一籮筐他的缺點；但是，我們是不是也能靜下心來，仔細想一想——其實對方也有「很多優點」哦！只是，我們因情緒性的好惡，不喜歡他、討厭他，就「擴大他的缺點、縮小他的優點」，甚至，完全看不見他身上的所有優點。我們的心，會不會被自己「矇蔽」了呢？

所以，再怎麼討厭的人，若我們細心觀察，將會發現——人家也有許多值得效法的優點呢！

▼有限的資訊，限制你對一個人的認識

有個女大學生說，她很怕、也很不喜歡她的一位學長，因為這學長常不刮鬍子，穿著也很邋遢、不修邊幅、講話又很粗魯，看起來很像「盜匪」一樣。

可是，相處久了，這女生說，其實，這學長人滿好的，系上有什麼事需要人手，他就主動去幫忙；同學身體不舒服，他就主動載同學去看病；甚至同學缺錢，

他也會不吝嗇地借錢給人家。

我們常以「有限的訊息」去判斷一個人、或批評別人；可是，我們對別人的「初始印象」，有時不一定是正確的，因為我們也許有「預設立場」或「情緒偏頗」，若不進一步認識、交往，是不能夠了解的。

因此，對於我們不喜歡的人，不妨想想：「找找看他的優點在哪？」我們不能一直吹毛求疵，而成為專門挑剔別人的批評高手啊！只要我們試著找出「不喜歡的人的優點」，我們對他的態度，將大為改觀。

上課時，我告訴學生：「我們常以自己的標準，來衡量別人，也常以為自己的想法才是正確的；而凡是沒見過的、沒看過的，常認為那可能都是胡扯的。」人，是那麼渺小，所知有限；**所以，我們不可「自以為是」，不可用自己「有限的眼光、管見」，去論斷、否定他人。**

因為，對未見之事，我們須學習「寧可存著好奇的心，不斷地探知」，絕不可一味地「全盤否定」，否則，只會顯出自己的「無知」罷了；畢竟，我們還有許多事「不知道」、「未曾聽聞」啊！

每一個人都清楚看到「自己所看到的東西」，但是很少有人對我們自己的「無知」，抱持恰如其分的懷疑態度。

真的，我們不懂、不知道的事太多了，但我們必須永保一顆「年輕、好奇的心」；只要有強烈的好奇心，我們就可以不斷學習、進步。所以，人可以不懂，但不要急於去「否定別人」；腳步，也不妨放慢一點，「多觀察、多思量、切勿太急躁！」

增進關係力

- 我們不能以「第一印象」，就隨便論斷他人。
- 別人即使有「缺點」，但也一定有其「優點」。
- 我們若能不斷「發掘別人優點、欣賞別人長處」，且經常心存「人人皆為我師」的態度，則必有更好的人緣和人脈，而不會「有腳行無步」啊！

話要好好說，才不會打壞關係

想想：我們常說的口頭禪、開的玩笑，是正面的，還是負面的？溝通時，不當的表達，將使別人對我們的印象大打折扣，因別人常依「我們的說話」來判斷評價我們啊！

▼不當的表達，帶來負面評價

有個高高瘦瘦的高中男生，數學、電腦都很棒，但當有同學請教他數學問題時，他總是有點驕傲或玩笑地說：「你欠扁啊？這種簡單的問題也不會！」

久而久之，「你欠扁啊？」就常掛在他嘴邊。

一天，教歷史的導師叫這男生到辦公室，問他：「我想利用電腦統計學期成績，你可不可以教我怎麼用？」

「你欠扁啊？……這麼簡單你也不會！」這學生不假思索地回答。

導師愣了一下，說道：「什麼？你再說一遍，是你欠扁，還是我欠扁？」

男同學縮著頭說：「哦……是我……是我欠扁！」

在我當系主任時，有位女助教和學生處得很融洽，也常玩在一起；這女助教因年紀稍長，所以當有學生跟她開玩笑時，她就會以大姊的口吻說：「這是什麼態度？」

一天，這女助教和我聊天，當我對她開玩笑時，她脫口而出：「這是什麼態度？」話一說完，這女助教馬上伸出舌頭，紅著臉，很不好意思地說：「對不起，主任，我說錯了！」

其實，我知道，「這是什麼態度？」是她一貫的口頭禪，但聽起來很不舒服。

很多人常常嘴巴說著口頭禪，自己卻渾然不知。口頭禪有些是中性的，像是「換言之」等連結詞，口頭禪有些是負面的，像是上述的例子，但同時，若你的口頭禪是正向的，想必會帶給人不一樣的感受。

多年前，我在飛機上認識一位新朋友。在飛往香港途中，我們比鄰而坐，我竟聽他對我說了一、二十次的——「哇，太棒了！」、「哇，你好厲害哦！」說真的，聽到他這麼說，我就忍不住感到高興，心花怒放，好像他是我知己一般。誰不喜歡聽別人說好話、稱讚呢？可是，又有多少人能把稱讚他人的話當成口頭禪，而時常掛在嘴邊？這種人一定很討喜、很受人歡迎，不是嗎？

或許我們可以想一想，我們是不是有常用的口頭禪？……這些口頭禪是正面的？還是負面的？

當我們不自覺地說出：「你錯了！」、「你少來！」、「你別想！」、「你欠扁啊？」、「你這是什麼態度？」……這些口頭禪時，對方聽起來，心裡的感受總是不太高興，甚至是生氣。

如果我們的口頭禪是──「哇，太棒了！」、「哇，你好厲害哦！」、「哇，你真是不簡單！」、「你真行！」……對方聽了，一定十分高興，也會大受激勵、鼓舞，覺得：「嗯，有你這個朋友真好，真是太瞭解我了！」

「不當的表達」與「不當的溝通」，都會使別人對我們的印象大打折扣；因為，別人常依「我們所說的話」來判斷、評價我們啊！

美國一位教育學教授香寇（Ann Melby Shenkle）指出，在課堂上，有三句話很重要──Why? How? Good!──亦即，老師必須常掛在嘴巴上，問學生：

「你為什麼這麼想、這麼做？」

「你是如何做到的？」

「嗯……很好！不錯！」

記得，以前我在美國唸書時，教授常說：「Charles, good job!」每當老師對我說「good job」時，我就能高興一整天。

其實，「Why? How? Good!」也可以成為溝通時的法寶。如果我們能常主動詢問「Why」、常仔細傾聽「How」，並常善意鼓勵說「Good」，都將使我們的人際關係更圓融。

▼別讓不好的玩笑，釀成大禍

多年以前，美國麻薩諸塞州的佛立維市，有三名高中生比爾、喬治和史蒂夫，一起利用暑假，到該市的最大醫院去當義工，以學習社工經驗。

他們在醫院裡被安排於不同部門工作：比爾和喬治是在病房中，負責推送病人到門診複診、檢驗或開刀；有時碰到病人死亡，他們還得負責將遺體推送到太平間去。而另外一位同學史蒂夫，則是被分派於行政部門打雜，也要負責分送病歷、公文工作等。

一天，比爾和喬治兩人工作完，正好遠遠地看到史蒂夫也正要下班。此時，生性喜歡惡作劇的喬治，悄悄地在比爾耳朵旁說了些話，並且神秘兮兮地對比爾使個眼色；隨後，喬治就跳上走廊上一張無人的病床上，躺下來，然後用白色床單把自己罩蓋住。比爾硬著頭皮，推著病床，慢慢靠近史蒂夫。

「嗨，史蒂夫，下班啦！」比爾說。

「對呀，上了一天班，好累啊！」史蒂夫回答。

「累什麼累，我們每天專門推送病人病床才累呢！」比爾一邊推著病床，一邊對史蒂夫說：「剛剛病房裡，有個病人過世了，我正要把他的遺體推到太平間去……對了，你要不要陪我走一段？」

「好啊，那還有什麼問題？」史蒂夫欣然答應，於是，他們就一邊推著病床，一邊聊天。

可是，當他們走到一段燈光比較昏暗的走廊時，躺在病床上的喬治，忽然掀開罩著全身的白布，臉上裝著「殭屍」的表情，突然坐了起來。

「啊——」只見不知情的史蒂夫大叫一聲，驚嚇莫名，兩腿發軟，立刻暈倒在地上。天哪，怎麼會這樣？站在一旁的比爾，以及坐在病床上的喬治也嚇呆了！他們心想，只不過是開玩笑，怎麼會嚇得「真的暈倒了」？

這下子可好了，喬治立刻從床上跳下來，與比爾一起把「真被嚇暈」的史蒂夫送上病床，兩人驚惶地推著病床，向「急診室」飛奔而去！然而，當醫生趕來急救時發現，史蒂夫已經被嚇得「心臟衰竭」而死亡，再也醒不過來了。

有些人很調皮、愛惡作劇，專門找人開玩笑；可是，有些玩笑是開不得的！因為，玩笑一疏忽，可能就是「別人一輩子的慟」、「終身無法彌補的遺憾」。就像許多小朋友，在教室裡，故意拉正要坐下的同學椅子一樣，害得人家的屁股沒坐到椅子，以致整個人跌坐地上，脊椎斷裂、終身癱瘓！

而本文中，「假裝死人，嚇死真人」，更是令人痛心的實例。在好勇逞強、愛捉弄他人時，不妨想想——「小玩笑，可能釀成大悲劇」，不可不慎啊！

有些人有小聰明，愛找人開玩笑、惡作劇，殊不知惡作劇的結果，可能「害苦別人一輩子」！

小聰明，不能用在欺負別人身上，而必須用在幫助別人之正途。

因此，**「好事，要即時響應；壞事，要立刻叫停！」**

我喜歡一句話：**「思想，要像一個行動的人；行動，要像一個思考的人。」**

也就是說——思想過後，要積極去做；但做的時候，也要小心思考，千萬不要衝動、莽撞！

增進關係力

- 好事，要即時響應；壞事，要立刻叫停！
- 負面的表達與口頭禪，會使別人對我們的印象大打折扣。
- 「思想，要像一個行動的人；行動，要像一個思考的人。」

CHOISE
EASY
CHOISE WAY
HARD

ch.5

挫折

學會面對與接受，
找回重新站起來的力量

跌倒並不可怕，低潮並不可怕，
最怕的是將自己困守原地，
不敢再往前邁進一步。
不妨勇敢面對挫折，一步一步解決問題，
別讓恐懼，關上你前進的門。

對抗壓力，不被痛苦與挫折打倒

有人在黑暗中等待黎明，有人在痛苦中等待痊癒，有人在挫折中等待機會；但，我們不能在傷痛中「等待安慰」。因在挫敗時，別人沒有安慰我們的義務，但，我們有勇敢奮起、突破逆境的權利。

▼人的敵人，是自己的決心不夠

一場座談會後，有一對男女走到我身邊；其中，約三十多歲的男士對我說：「戴老師，我很喜歡您的書，也常把您書中的內容，拿來和朋友們分享。可是，當我引用您書中的話——『要往壓力最大的地方走去』時，公司一些年輕人就反駁說，幹嘛要往壓力最大的地方走？日子過得快樂才是最重要的呀！把自己搞得那麼累、那麼苦幹什麼？老師，您看我該怎麼說？……」

這樣的問題，讓我有點訝異，因為我原本以為「要往壓力最大的地方走」是正確的想法，沒想到，現在的年輕人卻不這麼想，也因此，報章上最近出現了新名詞——「飛特族」（Freeters）、「靠爸族」或「躺平族」；這些人，輕鬆面對工作，追求自由的生活型態，選擇短時間打工，無工作壓力，不需經驗和事業，也不需全職工作，把「無拘束」、「沒壓力」，看得比生涯發展還重要。

然而，這樣畏懼工作壓力、寧願無拘無束的工作型態，對自己的未來豈有正面幫助？其實，如果人沒有壓力，就完蛋了！人若只知道輕鬆、自在，不想被約束，不想在壓力下前進，就會懈怠懶散、就會開始走下坡，甚至讓自己陷入困境。

您知道嗎，在非洲的大草原，每天早上都會有無數的「瞪羚」，從睡夢中醒過來；瞪羚知道面對新的一天，如果牠想活命，就必須在遇到獅子時，跑得比獅子還快，才不會被吃掉！

相同地，在一樣的草原上，每天也有許多獅子會在睡夢中醒來，牠也知道，如果今天不想餓肚子的話，就必須跑得比瞪羚還快，才會有食物吃，才能飽餐一頓！

因此，不管我們是「瞪羚」、或是「獅子」，我們都得在太陽一升起的時候，就要「張大眼睛、隨時準備開跑」，才不會被吃掉，也才會有食物吃。

▼壓力，可以讓人倒下；但壓力，也可以釀出「高純度的生命醇酒」

壓力，人人都有，但與其懼怕它、逃避它，不如迎向它！

現在許多大學生，因為怕找不到工作，就不願畢業，而自動「延畢」；可是，不敢面對壓力、自動延畢，豈是聰明的辦法？人生處處都充斥著壓力呀！

事實上，「人的抗壓性愈高，愈有成就！」抗壓愈低，一擊就倒，或像草莓一樣，一壓就爛，則怎能在現實環境中競爭、生存？

其實，「**人最可怕的敵人，不是別人，而是自己的抗壓性和決心不夠！**」

如果壓力來了，我們決心要扛得住、熬得過，就贏了；若扛不住、挺不過、抗壓太差，就輸了！不是嗎？

因此，壓力是「正面」、還是「負面」，完全取決於面對壓力的「人」，也就是我們自己！

我認識一位學生，想做廣播，但他被派到東部去做深夜的節目，天天在半夜裡上班，薪水微薄，然而他不以為忤，反而樂在其中；因為，對他而言，半夜做廣播，是一種「快樂的壓力」，他很認真地迎向它、接受它、享受它。如今，這學生已調回台北，在電台聯播網擔任主持人了。

▼只要努力不懈，我絕不會被埋沒！

曾有個國小校長，在翻閱新進老師的自傳時，看到一老師寫道：「以前還是國小學生時，我立志要當行政院長，後來，覺得當教育部長也不錯。到了國中時，我的志向降了一些，想想，當教育局長也可以；唸了高中後，又覺得當校長也滿好的。如今，我大學畢業，只希望有個國小教師缺給我，我就心滿意足了！」

追求安穩的生活並不是不好，但是這樣的人生是不是「太缺乏挑戰」？難道我們一生只求「安逸平庸、無風無浪」？豈不知，我們可能有「百分之九十的潛力」還沒有發揮啊！

當然，我們不能「好高騖遠」、奢望「一步登天」，一下子想當行政院長或教育部長……但是，我們也絕不能「沒有目標、沒有挑戰、渾渾噩噩地過日子」啊！

有人說，**人生就像在「打牌」——成功，並不是慶幸自己能握有「一手好牌」，而是把「一手壞牌」，打得可圈可點。**

是的，我們沒有選擇「出生環境」的權利，也不能保證一定能「拿到好牌」；但是，即使「拿到壞牌」，我們「人生的牌局」仍然要努力打下去啊！我們不能先洩氣、或哀聲地怨歎「拿到的牌太爛了」！我們只能鎮定自己，也想盡辦法，努力讓自己手中不好的牌，依然有「可圈可點」的美好評價。

「痛苦」是人生的一部份。在奮鬥過程中，誰無挫折、誰無苦痛？但是，我們

必須「忍」，才能有成功的一天。因為，受苦的過程，也代表「康復的過程」。所以，我們常聽病人說：「感謝這次生病，因為它帶給我新生命、新啟示！」不是嗎？

海明威曾說：「帶著你的創傷，到曠野療傷。」

的確，人會有許多「無情打擊、滿身創傷」，但是，絕不要被「窮困、惡運」所擊倒。因為「You never know, you have to try.」，**只要我們有「嘗試的慾望」**、**有「立即的行動」、有「鍥而不捨的心」，就能夠漸入佳境、迎向光明啊！**

前IBM總裁老華生曾說：「即使機器被搬走、廠房被燒毀，只要留下員工，我就能東山再起！」

是的，或許我們可能在遭遇挫折、橫逆時，暫時失去一切，但只要我們保持「積極的人生態度」，隨時惕勵自己，就不會是「一無所有的人」，我們也都必能東山再起。所以，不妨告訴自己——

「我不要平庸，我要轟轟烈烈地過活！」

「只要努力不懈，我絕不會被埋沒！」

因為，即使暫時失敗，我也比別人勇敢啊！

提升挫折力

✧ 一個人空有高學歷、有才華、有潛力，甚至有特異功能，都不足誇耀；堅強的毅力，真正用心、踏實地發揮所長，將才華貢獻給人群，才能使你我的生命「響叮噹」啊！

✧ 當我們跌倒、挫敗時，別人沒有安慰、憐憫我們的義務，但是，我們有勇敢奮起、咬牙向前、突破逆境的權利！

✧ 「你若青澀，便還能成長；你若熟透，便即將腐爛！」我們絕不能「熟透」，我們必須倒空自己，再「裝滿理想」；我們不能喪失鬥志，更不能因富裕的環境而腐蝕自己，因為「飽病難醫」啊！所以，讓我們學習「青澀」，照三餐地「激勵自己、努力成長、積極向前」。

克服恐懼，才能向前邁進

人生途中，也會碰到許多「障礙」，它可能是有形的、也可能是無形的。障礙，可能使我們「更精進」，但也可能「將我們擊垮」！

▼敵人，常是自己恐懼的心

有一個小男孩，穿著新買的冰刀鞋，跟一大群人在冰宮裡滑冰；他，是初學者，抓不住重心，所以一再地失足滑倒。有個大人看這小男孩摔倒多次，忍不住勸他：「小朋友，你已經摔得鼻青臉腫，我看，你不要再滑了，你長大後再來學嘛！」

小男孩看著對他說話的大人，再看看腳上穿著的新冰刀鞋，掛著兩行眼淚說：

「我買這雙冰刀鞋，不是讓我『放棄學滑冰』的，而是用來『學會滑冰』的！」

您知道嗎，人生快樂的要素有三：一、有事可做；二、有對象可愛；三、有希望可存。

的確，人活著，就有希望——有彩虹可以期待，有好歌可以歡唱，就像種樹的人，他種了一個「希望」。

當小男孩新買了冰刀鞋時，事實上，他買的是一個「希望」。而他在面對一道牆、一個障礙、一次挫折時，他不願為自己找藉口，只為自己「找方法、找堅持、找成功之道」。

在二十歲、念專科學校時的我，曾經獨自勇闖台灣俗稱「惡魔島」的「綠島監獄」，我也主動要求前往「中國時報」、「中國電視公司」實習，主動採訪知名人士……人就是要勇敢、積極、主動、創造出屬於自己的 moment，寫下感動、美好的瞬間，而成就自己的未來。

所以，**成功的人，只不過是「有不平凡的決心」罷了！**

只要有決心，立刻去做，**「一小時的實踐，勝過一整天的空想」啊！**

或許，有一天，我們將會發現，原本是如此害怕的事，一旦開始去做，竟然不是那麼困難、不是那麼可怕。

敵人，不是別人，而是「自己恐懼的心」。

只要克服恐懼，懷抱希望，踏出腳步，就可以跨越圍牆和障礙，迎向勝利！

▼沙勞越的摩鹿（Mulu）國家公園

多年以前，我曾到了東馬來西亞的美里市演講，結束後，我麻煩主辦單位安排我到「摩鹿（Mulu）國家公園」一遊。東馬是土地遼闊的地方，也是個資源豐富的熱帶雨林區，有許多罕見的動植物，值得一探究竟。

導遊一邊走路，一邊告訴我：「你看，這是『燈籠蟲』，頭部黃色、晚上會發亮，像燈籠一樣。」哇，好特別，我從來沒見過。

我背著背包，和友人以及導遊一路聽著蟲鳴、鳥叫，青蛙也快樂地唱歌，我則一邊把這些美妙的聲音錄下來。此時，導遊又指著地上的草對我說：「這就是豬籠草，它有個張開像籠子的口，小蟲掉進去，它就會自動合起來，把小昆蟲吃掉。」在野地、自然生長的豬籠草，我還是第一次看見。

在摩鹿國家公園，要參觀的主要是千萬年自然形成的「地穴、鐘乳石、石筍」等奇景；可是，要到達那兒，無法坐車抵達，必須走路七、八公里。我很少一次走路那麼久，走得腳很累、很瘦，可是別無選擇，想要看到千古奇景，就必須付出辛苦的腳程。

不過，導遊很盡責，他又問我：「你看，樹上這個綠葉包起來的是什麼？」我看到許多紅螞蟻正在樹枝上走動，導遊說，那是「螞蟻窩」。可是，螞蟻窩不都是在地底下嗎？導遊說，熱帶雨林經常下雨，地下的螞蟻窩很容易被雨水沖刷掉，所以，螞蟻很聰明，牠們懂得把自己的巢穴，建搭在樹葉上，才不會被大雨沖刷掉。

路上，我又見到「竹節蟲」，牠為了不易被識破，身體就像一支枯枝一樣，偽裝、隱藏自己。也有樹藤，為了爭取更多光合作用的陽光，不停地往上生長；或許多細藤一直往下延伸，垂降到水底，來吸收水份。另外，也有粗壯的「板根樹」，它的樹根底部像木板一樣，把水圍集起來，不讓水份流失，讓自己維持生命……

天然形成的鐘乳石洞

與林肯總統十分相像的岩壁

而「一葉草」更是特別，一株，就是只有一大片葉，生長在岩石上；一大塊岩石上，全都是奇特的一葉草，十分壯觀。

走啊走，終於來到了摩鹿國家公園著名的兩大洞穴。在裡頭十分陰暗，必須用手電筒打燈，才看得到路；可是，辛苦是絕對有代價的，在洞穴內，各種奇特造型的千萬年石筍、鐘乳石，令人嘆為觀止。

而在一高聳的山洞口，看出去，竟然看見「林肯總統」矗立在那兒。真的，每個看到的人，都一定會驚呼：「這岩壁，像極了林肯總統！」

我寫這些親眼所見的小奇景，是因為我問過許多馬來西亞，甚至東馬詩巫、美里的朋友：「你去過 Mulu 國家公園嗎？」很多人都說，他們不曾去過。

哇，多麼可惜啊！這麼漂亮的美景、奇岩怪石，只要花個一、兩天，就可以到達的地方，大部分人一直到終老，都不曾造訪；可是，這地方的絕美與奇特，經常都有無數外國人、歐美遊客千里迢迢而來呀！

走出去吧，不要只窩在自己的家裡。**別一直坐在電腦前「看著別人的moment」消磨時間，而失去「創造屬於自己moment」的機會。**人生就是要走出去，留下深刻的生命感動與記憶。

無論是在哪個時代，年輕人的特點，就是要「積極行動」。因為，**人就是要抱持「理想」、有「衝動」，去做讓自己進步、成功的事啊！**

提升挫折力

✧ 敵人，不是別人，常是自己恐懼的心。

✧ 造船的目的，不是要讓船停留在港灣，而是要讓船，在大海中壯闊地航行。人生像一艘船，要壯闊地航行呀！

✧ 人，必須大膽一點、勇敢一點，勇於面對自身的弱點。能克服憂患、承受磨鍊的人，必能成功。

接受批評，才能讓自己反思成長

真正幫助我們成長、進步的，常是那些對我們善意地——「持反對意見、扮黑臉、潑冷水的人」；正因為他們「善意的提醒、及時拉我們一把」，才不會使我們迷迷糊糊地犯錯、或掉入陷阱啊！

▼面對批評，先別急著否認

當我剛從美國獲得博士學位、返國任大學系主任時，我非常努力地推動系務，也積極讓自己在媒體上曝光。所以，當時只要有電視節目邀請，我就欣然應邀，上電視侃侃而談，極力促銷自己；而且，也在知名的報紙、雜誌上寫專欄，企盼把自己的想法和理念，透過媒體，盡快地與大眾分享，有時，一個星期還得寫四篇專欄。

一天一位前輩打電話告訴我：「晨志啊，你回國以來，不管是在傳播教育界或實務界，都小有名氣，大家都常看到你寫專欄、上電視，你表現得很積極、很不錯！不過，你還是要小心、謹慎、內斂一些，因為，人一旦曝光多了，就會招來很多閒言閒語和批評，很多人也會開始在背後攻擊你。」

這前輩用十分關心的口吻繼續對我說：「而且，說實在的，你經常花時間在上廣播、上電視、寫專欄，這麼一來，『你對系上的付出』，以及『對教學的品質』就會相對的降低，可能其他老師、學生都會有意見……」

聽到前輩的這番話，我好想反駁：「人不就是要懂得推銷自己嗎？……我曝光多，不也是為學系打知名度嗎？」可是，我又停住了口舌，心想——前輩的話，也是對的啊，我汲汲營營上媒體曝光、打知名度，真的已沒有時間再多關心學生，也無法提升教學品質啊！

人到了中年，總覺得「可以對我說真話，可以罵我的人」愈來愈少了！

的確，別人沒有責任和義務來告訴我們「真話」，因為這些真話並不是恭維，或許我們不喜歡聽，也可能會刺到我們的痛處；但是，**願意指責我們，告訴我們缺點的人，「每一句批評和指責，都是一份關心」**，不是嗎？

因為，他原本不必要「當壞人」來說不好聽的話啊！可是，正因為他愛護我們、關心我們，深怕我們在人生道路上跌了一跤、摔得頭破血流，也怕我們一不小心就吃苦受罪，所以，他才扮黑臉，對我們說了「不中聽的話」。

因此，或許我們應該想——「有人罵我，是何等榮幸啊！」要不然，我們可能會跌得更嚴重！

▼看見批評背後的真心

假如父母「責罵我們」，不就是因為疼愛我們，盼望我們在人生道路上邁步前進時，不至於摔得鼻青臉腫？

假如主管「指出我們的缺點、說出我們的不對」，不就是因為他希望我們在工作上能更細心、更努力、能做得更好？

所以，有人說：「會罵人的主管，才是好主管！」（但不是指言語霸凌）而**懂得「將別人的批評、指責，視為是一種禮物」的人，才是聰明、積極、成功的人呀！**

古人說：「天下之患，莫大於舉朝無公論。」是的，如果一國之君只想聽好話、惡諫言、「舉朝無公論」的話，則國家危矣！

相同地，一個人若只想聽奉承、恭維的美言，而不懂感謝別人對我們的「忠告、規勸、指責、批評」，則很容易「使自己得意忘形」，也「看不到自己的過失與盲點」啊！

的確，若只說「好聽的話」，誰都會講；可是，要說「指正、難聽的話」，可就得需要勇氣啊！畢竟，大部分的人都不喜歡別人的「烏鴉嘴」、「唱反調」、「潑冷水」呀！

所以，古人說：「交朋友，還要交畏友、諍友」，就是要和「剛正不阿、直言無諱」，能「批評我們、勸戒我們」的人當朋友。

因為，**真正幫助我們成長、進步的，經常是那些對我們善意地「持反對意見、扮黑臉、潑冷水」**的人；正因他們「善意的提醒、及時拉我們一把」，才不會使我們迷迷糊糊地犯錯，或掉入陷阱啊！

在人際關係中，自己的形象有兩個層面，一個是**「自己看到的自己」**（即「我就是這樣的人」），另一個是**「別人眼中的自己」**（即「他就是這樣的人」）。

當我們在評價自己時，常像一個能言善道的「律師」，一直看到自己好的一面；可是，當別人看我們時，卻像是個「檢察官」，常看到自己不好的一面。

所以，人必須學習自省，也學習衝突後的自處；因為，善於靜思、不斷反省、且承認自己缺失的人，才是人際溝通高手啊！

「別人批評你時，不要急著反駁，要先想想別人說的有沒有道理？」

是的，有時，我們高傲、我們目中無人，甚至披著一層厚厚矜持的繭，來跟別人溝通；然而，隨著年齡、歲月的增長，我們除了看到「自己眼中的自己」之外，也要學習看到「別人眼中的自己」。

惟有我們不斷自省，並褪去那厚厚矜持的繭之後，才能破繭而出，成為一隻翩翩飛舞的彩蝶。

提升挫折力

- 人的一生當中，會遇到許多人，有人打我耳光、有人稱讚我、也有人批評我，或是安慰我；但是，這些人都是我一生的「恩人」和「貴人」啊！
- 一個願意接受別人指責、勇於認錯、且知過能改的人，才是真正的贏家啊！
- 「關起門來、冷靜想想」，虛心檢討自己，說不定「自己很自我、有很多盲點」，也或許「別人是對的、別人的說法還滿客觀的」。

接受失敗，讓失敗成為成長的養分

人生就像「馬拉松賽跑」，有人跌倒、有人體力不支、有人遠遠落後，也有人棄權；但是，路途中的名次不算數，只有到達終點，前胸碰觸到終點線的帶子，才是定局。

▼失敗，是人生的一部分

大部分人都看過馬戲團表演，不管是在現場或是電視節目中。馬戲團的表演內容十分多采多姿，其中「空中飛人」的表演，常是最精彩的壓軸好戲。當演員在半空中搖盪時，觀眾的眼睛隨著鞦韆上下左右擺動；當演員的雙手從鞦韆鬆開，在空中翻轉時，觀眾不禁一陣驚呼，一顆心也懸在半空中，直到他緊緊抓牢另一演員的雙手時，才聽到觀眾如雷的喝采聲。

曾有一個馬戲團演員，一直是表演「空中飛人」的老手，他在空中翻轉三、四圈的絕活，是輕而易舉的看家本領。一天，他依舊笑容滿面地出場，接受觀眾的掌聲，準備開始表演他「空中飛人」的拿手好戲。

當這演員做好暖身動作，握住空中鞦韆左右搖盪時，觀眾的心仍舊一樣，開始提心吊膽起來。此時，觀眾席中有人說：「他這樣盪來盪去，不知道會不會失手掉下來？如果掉下來，一定會很精彩！」

這時，空中飛人放掉鞦韆，在空中翻騰，一圈、兩圈、三圈，然後抓住另一端演員的雙手；可是，霎時，只聽見「啊……」一聲，空中飛人沒抓牢對方的手，從半空中急速地掉落在護網中。

「空中飛人」一臉尷尬地從網中爬起，觀眾席中有人傳來「喝倒采的噓聲」，但也有些「零星的掌聲」。

「噓聲」是令人沮喪的，然而，「空中飛人」卻不因此而氣餒，他腦中隨時記著那些觀眾的「噓聲」，而關起門來加倍苦練。以前，他只能在空中翻轉三圈，半年後，他進步了，他可以在空中「翻轉四圈」，再從容地抓住同伴的手。

後來，這空中飛人再度登場表演；在五彩繽紛的汽球與歡樂的音樂聲中，他，微笑地向觀眾深深一鞠躬，再爬上高梯……

空中飛人抓住半空中的鞦韆左盪、右擺，也緊緊扣住觀眾的心！他放手了——向上翻騰，一圈、兩圈、三圈、四圈，哇，四圈耶……剎那間，空中飛人穩穩地抓住同伴的手，再來一次——左盪、右擺，再騰空翻轉，一圈、兩圈、三圈……觀眾幾乎屏住氣息、不敢呼吸，四圈，哇，觀眾席傳來如雷的掌聲，久久不息！

表演完畢，有電視記者趨前採訪，問道：「上次你失手，從半空中掉下來，這次你表演成功，贏得滿堂采，心裡有什麼感覺？」

「**我很希望愛護我的朋友，在我跌倒、遇到挫折時，多給我一些鼓勵和安慰，而不是噓聲四起！**」空中飛人說。

▼愈挫愈勇，走出「生命撞牆期」

事實上，「**人常在最糟的逆境中，激發出最強的能力和韌性。**」一個人也要讓自己習慣「隨時保持一點小挫折感」，才能愈挫愈勇，走出自己的「生命撞牆期」。

回首年輕時，我考了八次托福，才通過考試，前往美國留學；也從三專生成為碩士，再以第一名的成績，考上電視台當記者。如果，當時我沒有熬過那段難過的「**生命撞牆期**」，我就不可能是現在的我……

的確，「**失敗，是人生的一部分**」，哪有人在人生道路上，不曾失敗過？

可是，我們是不是可以換另一個現實的角度來想——別人花錢買票，是來看「精彩的空中飛人表演」，而不是花錢來「同情你、安慰你」的，不是嗎？

在我們跌倒、挫折時，別人的噓聲是很殘酷，但或許也是一種必然的反應；因為，我們實在無法期待每個人都一定要「給我們安慰」啊！

因此，最好不要讓別人有給我們噓聲的機會，萬一，不幸有「噓聲響起」，也必須忍住失落感，因為，真正的「強者」，並不是一直在享受著「掌聲和安慰」，而是——在「噓聲四起」之際，還能含著淚水，卻也更加堅定「向前邁進的腳步」！

人最大的光榮，不在於「從未失敗」，而是在每次挫折後，都能「屢仆屢起」，勇敢地重新站起來。

如果，一直悔恨於過去的「不幸噓聲」，只會招來更多的不幸啊！

有時，人生是「無情、殘酷」的，在跌倒、挫折時，不僅噓聲四起，甚至被當成「落水狗」，窮追猛打，不過狀況再怎麼糟糕，人總有「站起來」的權利啊！

所以，人生就像「馬拉松賽跑」，有人跌倒、有人體力不支、有人遠遠落後，也有人棄權；但是，路途中的名次並不算數，只有到達終點，前胸碰觸到終點線的帶子，才是定局。

中途跌倒、落後，並不可恥；因為，或許有一天，「落水狗」也可以不畏噓聲，重新振奮精神、勇往直前，閃著淚光抵達終點！

提升挫折力

- 「人，可以失敗，但不能被擊倒！」
- 「挫折，是最好的老師，也是一個深不可測的寶藏。」
- 「痛苦，是最好的成長；磨難，是上天的鍛鍊。」

面對挫折與困難，知難而行

「有決心，就有力量；有毅力，就會成功！」
每個人都要為自己「在困境中找出口」、「在挫敗中找出路」。
因為，人唯有奮力、拚命爬到最高處，才能看到更美麗的風景！

▼他踩著天鵝舞步，輕騰飛越

我喜歡看電影。一天，特地去看了《舞動人生》。

十一歲的小男孩比利・艾略特在貧窮家庭長大，父親是礦工。按照家鄉傳統，男孩子一定是要學習拳擊，將來成為身強體壯的男子漢。然而，在一次巧妙機緣下，比利意外發現，他好喜歡「芭蕾」；因為，「芭蕾」的美妙舞姿，十分適合於他肢體的律動，他實在很不喜歡激烈鬥狠的拳擊。

於是，比利開始瞞著父親，每天偷偷藏帶著舞鞋，到舞蹈教室，與其他小女孩們勤練芭蕾；而他柔軟的肢體動作，與專心習舞、渴望成為一名男舞者的精神，深深打動舞蹈老師的心，也願意盡全力栽培他。

可是，當他那礦工父親知道比利「沒練拳擊」，反而「偷學芭蕾」的祕密之後，怒不可遏，無法接受兒子學舞的事實。於是，父親想盡各種辦法，禁止他、威嚇他，不准他再繼續學舞！

怎麼辦呢？小小的年紀，多麼盼望跳舞，也企盼天天在美妙的律動中，舞出他歡愉的生命；可是，父親兇煞憤怒的眼神，以及家庭貧窮經濟的催逼，讓比利心中有無數的痛苦、落寞和掙扎。不過，在猶豫躊躇之中，比利依然選擇他鍾愛的芭蕾，每天還是偷偷地繼續練習。

而在聖誕夜晚上，比利和一個喜歡他的男孩，進入昏暗的大舞蹈教室裡；在那兒，比利獨自地翩翩起舞。可是，比利父親知道此事後，極憤怒地到達現場，想把比利痛揍一頓！

然而，當父親一走進舞蹈教室，看見兒子比利，正如癡如醉地舞動著肢體，在全場不停地飛舞著。當他看見父親來了，起先，有些愣住、膽寒，可是，沒兩秒鐘，他勇敢地豁出去了，他不再懼怕父親兇狠的眼光，反而更自在、更大膽地放開自己，舞出令他開懷、欣喜的舞姿！

當比利不斷地跳躍、旋轉、踢踏中，他父親在一旁幾乎看傻了眼，心中澎湃不已，只是嘴巴說不出口。當礦工的父親，看著偌大教室裡不斷舞動的兒子時，眼淚幾乎就要奪眶而出。

後來，比利的父親改變觀念，全力支持兒子學習舞蹈，甚至變賣家中值錢首飾，幫助比利前往倫敦，報考皇家舞蹈學院，最後，終於如願以償。

片尾時，比利成為一位明星舞者，他踩踏著天鵝舞步，每一步伐、每一展翅，都令全場驚豔讚嘆！

其實，**人生進步的原動力，來自內心不停歇的鼓舞**；一旦有了鼓舞與堅持，理想就開始有了「光和熱」。而這「光和熱」，就是指引我們朝向成功的心中火炬呀。

所以，**「與其排斥，不如正面迎上！」**小小比利雖然在習舞過程中，遭遇許多困難和阻撓，但是他並不畏懼，反而是選擇「正面迎上」，用努力與決心跳出漂亮成績，來感動父親、說服父親。

我喜歡一句話——**「因為路通往光明，所以我勇往直前！」**

是的，我們一定要「堅持理想、勇往直前」，因為前面的路，或有崎嶇，但一定會「通往光明」！所以，人哪會怕「沒有機會」呢？人最怕的是「不行動、不學習、不努力」，以致機會來臨時，自己的實力不夠！不是嗎？

▼勇敢創造「自我生命奇蹟」

有一隻老驢子，不慎失足掉進了一座很深的枯井。農夫聽到老驢子在井裡的哀鳴聲，心裡很難過、也很捨不得，但他也沒辦法將老驢子救上來，只好請鄰居幫忙，把泥土不斷地往枯井裡鏟，打算把老驢子「埋了」，使牠早日脫離不死不活、慘叫哀鳴的痛苦絕境。

當人們開始用力把泥土往井裡鏟時，老驢子嚇得驚恐萬分，但井口的土，仍不斷地往牠身上扔下。此時，老驢子突然靈光一現，知道了——當井口的一大鏟土再次丟落在牠背上時，牠就用力地抖掉這些土，然後踏著土堆，往上站一步！

牠一次又一次地抖掉身上的土，再站上土堆，也不停地鼓勵自己：「Shake it up and step up!」（抖下去，站起來！）

不管泥土打在身上有多痛，也不管孤站在枯井裡有多麼無助和絕望，這匹筋疲力竭的老驢子，始終不灰心、不放棄，不停地 shake it up, step up! 最後，也不知過了多久，這傷痕累累的老驢子，終於跳過井牆，順利地回到地面上。

而原本會毀掉牠的「泥土堆」，最後竟成為牠的拯救！

人的一生中，能獲得「真正的奇蹟」的機會，並不多。

「奇蹟是偶然的，並不是常常的」；可是，**自己生命的奇蹟，必須靠自己去扭轉、去拯救、去創造啊！**

▼自助，乃是成功之道

我有個女性朋友說，她最近剛去算命，而算命的告訴她說：「妳最近會斷手斷腳！」天哪，真是烏鴉嘴，害得她聽了毛骨悚然，天天心神不寧，日子也變得很難捱。唉，何苦去算命？命會愈算愈苦啊！命，是自己創造出來的，只要心念轉，有毅力、不放棄、活出自信，也就能活出希望啊！

人生中，有許多「挫折」和「打擊」，就像老驢子一樣，跌入了黑暗的枯井深淵，也有許多泥土無情地痛打在身上；然而，人不能一直企盼「奇蹟出現」啊！我們必須勇敢地「shake it up and step up」，不停地「抖下去、站起來」。

因為——**「自助，乃是成功之道」啊！**

其實，「**夢想，就是一大力量；信念，就是一股衝勁！**」每個人的生命都有憂谷，當掉進憂谷時，好沮喪、好挫敗、好絕望啊！但，每個人都必須懷抱夢想，讓自己不斷地「追夢、造夢、圓夢」！因為，**「只要堅持到底，成功就是你的呀！」**

國際電影明星成龍曾說：「在我的字典裡，沒有『不可能』三個字！因為，今天不行，明天再做；明天不行，後天再試！跌倒了七次，我也有第八次再爬起來的勇氣和信心！」

的確，人只要不失「再來一次」的勇氣，則必然大有可為！

常有讀者問我：「戴老師，你怎麼會有連續考八次托福考試的勇氣？」

我想，我大概就是有「絕不放棄、再試一次」的勇氣吧！而且，「寧鳴而死，不默而生！」我們的一生，都不能太平凡、太平庸、一事無成，最後默默而終呀！

提升挫折力

✧「路，是人走出來的；命運，是人打拚出來的！」

✧不怕沒機會，只怕自己不改變！頂住壓力的辦法，就是「勇敢面對壓力、克服它」。

✧有句話說：「最危險的行動，就是不行動！」成功不是靠夢想和希望，而是靠努力和實踐！

絕境，要先冷靜，才能妥善面對

亂，更危險；哭，人更慌；怨天尤人，沒有希望、更沒幫助！靜下心來，想想對策吧！在上帝未宣判我們死刑時，我們絕不能「先判自己死刑」啊！

▼福氣，總降臨於鎮定不亂的人

當一個人被歹徒綁架時，心情一定很緊張、慌亂、恐懼，想到自己可能隨時被「撕票」，也可能再也見不到自己的親朋好友了……

不過，也有人在被綁架、落入危難時，仍能心情鎮定，從容地想出辦法、不動聲色地騙過歹徒，使自己能安然脫離險境。

曾經看過一則報導，中國遼寧省鞍山市公安局刑警大隊接獲報案，一位劉小姐指稱，她姊姊被歹徒從撫順綁架到鞍山；而歹徒在電話中恐嚇說，要家人準備「一萬四千元人民幣」當贖金，才肯放人，否則後果自負。

接到電話時，劉小姐家人慌成一團，因鞍山市那麼大，姊姊到底被關在哪裡也不知道，而籌完錢，要把錢交到哪裡，也是一頭霧水。正當劉姓家人陷入一片愁雲慘霧、不知如何是好時，電話鈴聲又響了，劉小姐接電話，也緊張地要家人不要出聲：「噓，是姊姊，趕快去拿筆和紙來……」

這時，電話那端傳來了姊姊微弱的聲音說：「小妹啊，情人節快到了，我人在外地，有重要事回不去了，我寫了一首情詩給妳李大哥，麻煩妳轉交給他，好嗎？……請記得——要訂五朵玫瑰，象徵十全十美、一心一意，中間夾帶巧克力，學無止境，前所未有……三百零六價位，門前放好。」話一說完，電話就掛斷了。

劉小姐接了電話後很納悶，因為她姊姊一向在外地工作，很少回老家；而且，老家也沒有她要好的「李大哥」，這首情詩，到底要送給誰啊？

後來，劉小姐開始琢磨「情詩」的內容，也猜著姊姊可能透露的「字謎與訊息」，她驚然發現一個重大線索——「五十一中學，門前三〇六號房間」，應該是「謎底」，也是她姊姊被綁架藏匿的地點，於是趕緊向鞍山市公安局報案。

刑警人員根據被害人家屬提供的線索，立刻調查第五十一中學附近的酒店、旅館、招待所等可能的地點，也很快地找到了歹徒藏匿肉票的地方，是立山同泰酒店，三〇六房間。

而當大批刑警人員衝進三〇六房間時，多名歹徒一時傻了眼，詫異地望著刑警，也莫名其妙地想：「公安怎麼會知道這個地點？怎麼會這麼衰？……」

從接獲報案到破案，只不到一個半小時，刑警也救出了被綁架六十小時的肉票；而破案的關鍵，竟然是聰明妹妹解開了姊姊的「情詩字謎」。

人在無助時，絕不能慌張而亂了手腳；「鎮定」，常是拯救自己的不二法門。慌亂、哀號、哭泣、歇斯底里……多半於事無補，而且愈來愈糟；從容不迫，心定而謀，才能以智慧突圍！

聰明人的格言是——「**任何事情，都不要急躁，要從容鎮定！**」

人在危急、緊張時，須「安詳和緩」靜下心，想想該怎麼做？古有明訓，遇事時，要「定、靜、安、慮、得」；怨天尤人，沒有希望、更沒幫助……靜下心來，想想對策吧！在上帝未宣判我們死刑時，我們絕不能「先判自己死刑」啊！

其實，人在被逼到絕境時，依然有活過來的機會！

「**幸運」，總是垂青於勇敢力行的人。**

「**福氣」，總是降臨於鎮定不亂的人。**

一個常說「沒有辦法」的人，只會帶來「沒有辦法」的人生。

辦法，是人想出來的，所謂「窮則變，變則通」；看到本文中，被歹徒綁架的姊姊，能巧妙地以「情詩字謎」求救，真是「從容又有智慧」啊！

我們都要學習——「工作愈忙，心要愈輕鬆；環境愈亂，心要愈鎮定。」

▼舞到最後一秒，讓它始終完美

在一場國際標準舞大賽中，世界各國都派出「舞藝高手」展現舞技；其中，有一項是華爾滋的評比，十多對各國男女舞者，穿著亮麗舞衣在場中翩翩起舞。

正當所有觀眾的眼睛目不暇給、也被現場音樂氣氛吸引時，有一裁判慢慢地走到舞池邊，靜靜撿起一隻「紅色的高跟鞋」。然而，華爾滋的優美樂曲並沒有停止，十多對男女舞者也都仍然一副專注、忘我的模樣，微笑地繼續舞動著。

咦，是誰「掉了一隻高跟鞋」？這隻高跟鞋絕不是屋頂上掉下來的，一定是其中一對的女舞者不小心在旋轉時「甩落掉」的，可是，女舞者都穿著蓬蓬舞裙，實在是看不出哪一對「出了狀況」啊！

雖然華爾滋的音樂持續播放著，但是觀眾的目光似乎開始在尋找「到底是誰掉了高跟鞋」？掉了鞋的那女舞者現在心裡一定很焦急，因為兩腳高低不同，一定會影響到他們的分數。

可是，觀眾的眼睛全場搜尋，十多對的舞藝高手也隨著樂曲不斷地旋轉移動，根本看不出「是誰掉了高跟鞋」啊！

直到華爾滋樂曲結束，觀眾才發現，其中一女舞者，正踮著腳，微笑滿面地半彎著腰、微低著頭向觀眾答禮；而現場的觀眾，也都為她報以熱烈的掌聲！

在人生舞台上，或許「高跟鞋掉了」、或許「跌了一跤」、摔斷了腿；也或許「一時暈頭轉向」，舞不下，好想放棄，不跳了！

可是，要這樣就隨便「離開人生舞台」嗎？要這樣就隨便「放棄目標」嗎？生存競爭、人生意義，豈是叫我自己「黯然離開舞台、離開跑道」？

▼成功的唯一祕訣是，堅持到最後一分鐘

或許我們遇到挫折，但必須告訴自己——我絕對沒有失敗，只是「**暫時還沒成功而已**」。正如，雖然「舞鞋」掉了，但我們絕不能「提早棄權」，絕不能「輕言

放棄」，一定得撐下去；因為，我們是經過多久的苦練，才有「上台的機會」啊！所以，一定要堅持到底，一定要「舞到最後一秒、讓它始終完美」。

我喜歡古人的一句話：「風吹柳動、未見柳折」。讓我們學習「柳樹」一般，有堅強的韌性，即使大風吹來，仍「不見柳折」。也正因為這「堅持的韌性、不輕言放棄」，我們才能愈挫愈勇啊！

▼跌落谷底時，要勇敢「V型反轉」

人一旦成為「悲傷的俘虜、情緒的侏儒」，就會使自己陷在災難的谷底。也因此，換個角度，我們可以強迫自己進行「V型反轉」。什麼是「V型反轉」呢？就是強迫自己改變思維，把「壞的」看成是「好的」，別讓自己一直陷在害怕、驚慌、失措的負面思緒之中，而使自己的情況更形惡劣。

相反地，我們心中轉念——「來的，都是好的！」、「太棒了，太好了、我走到『V』字的谷底了，我開始要往上走、往上爬了！」

真的，一個人掉落谷底時，已經沒有退路了，生氣、傷心、抱怨……都沒有用；此時，唯一的一條路，叫做——「努力往上爬」。

人生，最低潮，就是最高潮的開始。

所以，每天早晨一醒來，我們可以有兩種選擇——你可以選擇心情愉快、積極前進的一天；或是，你可以選擇心情糟透、繼續生氣抱怨的一天。

只要不慌不亂、循序漸進，挫折、災難都會過去，就會迎向光明了！

提升挫折力

- 臨危不亂、循序漸進、壯大自己，才能成就更富足、精彩的人生。
- 在低潮不順時，別暴躁、自棄，而要轉念——「太好了、太棒了！」同時，也告訴自己——「別氣餒、別軟弱；睡一覺，明天仍然充滿希望！」
- 「keep calm and carry on!」——「心情保持冷靜，堅定繼續前進」，才能讓我們的一生走得平穩、平順，邁向高峰。

對抗失敗應該要具備的心態

面對失敗時，需要的不在「力量的大小」，而在「堅持有多久」？堅持到最後一分鐘的人，笑容常是最甜美、燦爛的！

▼我見到了水門事件英雄

當我在奧瑞崗大學唸博士班時，美國新聞總署曾委請「外籍學生服務協會」，舉辦一場「國際大眾傳播學生領袖研討會」。這場為期八天的研討會，在首府華盛頓舉行；由於獲選參加的學生都可得到「免費來回機票」以及「八天食宿全免」的招待，所以全美各地的外籍學生都爭相報名、參加甄選。

最後，只有中國大陸、台灣、法國、巴拿馬、日本、加拿大、印尼、印度、南韓、匈牙利、秘魯、沙烏地阿拉伯、西德、新加坡、孟加拉等國的「二十多名留美學生」，獲選參與盛會。我十分幸運，成為來自台灣的留學生代表。

在為期八天的研討會中，我們參觀了白宮、國會、博物館、公共電視台、美國廣播公司、華盛頓郵報、新聞總署、聯邦傳播委員會……等相關單位；也與許多名主播、記者、政府官員、外交官一起研討和餐敘，以擴大各國間的文化、新聞交流。

其中，令我印象最深的是參觀

國際大衆傳播學生領袖研討會，各國學生齊聚一堂（我位於箭頭處）

參訪位於華盛頓特區的 ABC 新聞網總攝影棚

在紐約，與華視新聞駐美派員、學姊見面

「華盛頓郵報」，因為，「我見到了揭發水門事件的英雄——伍華德！」

或許大家對鮑伯·伍華德（Bob Woodward）這名字並沒多大印象，但對美國人而言，卻是鼎鼎有名的大人物；因為，他就是在一九七三年，讓美國總統尼克森黯然下台的主角之一——當時，他僅是一位華盛頓郵報剛出道的小記者。

當年才二十八歲的小伙子，因揭發「水門事件」而紅透半邊天，

揭發水門事件的英雄——「華盛頓郵報」記者伍華德（右一）

當時見到他的時候，他已經五十多歲了（現今則八十多歲了）。而這些年來，他出版了不少暢銷書，也於一九七三年榮獲新聞界最高榮譽——「普立茲新聞獎」。

參觀華盛頓郵報那天，這位超級明星記者，就坐在我的正前面；他高碩強壯的身子、炯炯明亮的眼神、豪爽渾厚的笑聲，使在場的各國留學生都興奮不已。

伍華德說，他的父親是一名律師，對他的管教比其他美國小孩嚴格。在高中時代，他就在學校裡打工，清理檔案資料室；他發現，他對許多檔案資料都很有興趣。後來，伍華德進入耶魯大學，主修英文和歷史；畢業後，曾擔任陸軍通訊官。一九七一年，他進入華盛頓郵報，當起記者。

「那時候，我常沒有新聞跑，而枯坐在辦公室裡。有一天，我的長官說，伍華德那小子沒事幹，就讓他去看看共和黨有什麼事情，聽說那裡好像有些線索。」伍華德回憶起他與「水門事件」結緣的第一步。

就是長官這麼一句話，使伍華德一頭栽進「採訪共和黨的醜聞事件」。憑著他年輕的一股衝勁與事事懷疑、不斷求證的精神，他「愈陷愈深」而「無法自拔」。

他說，為了瞭解「民主黨辦公室內是否遭共和黨安裝竊聽器」的水門事件真相，他訪問不下五、六百人，甚至有些人的說詞不清楚或必須再求證，即使訪問同一個人五十次，他都是這樣硬著頭皮地去做。

在這整個鍥而不捨的追蹤、探究過程當中，伍華德有許多來自各方的壓力，包括白宮、長官、甚至讀者……。因為「水門事件」從初露端倪，到像滾雪球般愈滾愈大時，消息來源逐漸難以取得，關鍵人物也都守口如瓶，深怕捲入政治風暴之中。而且，尼克森涉案的內情曝光後，「長官」與「讀者」的胃口愈來愈大，每天都要求有「新的案情發展」；然而，「新案情」豈是容易取得？那必須花許多功夫去挖掘，才能說服關鍵性人物透露「一點點消息」。

「每天截稿快到時，心情就很緊張，因為上面老是問我『還有沒有新的』？或是『快點！快點！』」伍華德告訴我們說：「在重重壓力下，最重要的是『要有耐性』，不能慌張亂了腳步，否則一切都前功盡棄。」

伍華德在出版的回憶書籍中，曾多次提到提供他關鍵消息的人物，但是他總以

「深喉嚨」（deep throat）的代號稱之，以免曝露他的身份。至於這位「深喉嚨」是何許人，伍華德說，他們彼此曾有私下協訂，他絕對不會說。不過，假如「深喉嚨」哪一天過世了，他將會公布他的名字。

伍華德表示，在他挖掘「水門事件」過程中，曾經有不少「祕密證人」告訴他內幕消息。「或許是美國人比較愛講話的關係吧！」他說，這些人都是對尼克森政府不滿，使他得到進一步的線索繼續追蹤。不過，他強調，儘管有外面的消息提供，但自己必須一一過濾，因為有些消息是假的，故意來誤導採訪方向；所以，「必須把自己的偏見、信仰、預存立場……放在背後褲袋」，否則會使整個報導發生錯誤。

面對這明星記者，我把握機會問他：「對於揭發尼克森總統的醜聞，導致他黯然下台，你心裡有什麼感想？」

「這也是沒辦法的事，因為華盛頓郵報在報頭上就註明：『這是一份獨立的報紙。』所以我只能說，『報導事實真相』是記者的天職，雖然你不喜歡我的報導，但我很誠實，我問心無愧！」伍華德堅定地回答。

「你自從與尼克森總統『結下樑子』以來，你與他的關係如何？」我再問。

「哈！」伍華德笑著說：「我們之間一直沒有任何關係！同時我也確定，我始終不在他的聖誕卡名單之內！」在場的大夥一聽，也都噗哧大笑！

（補記：美國水門事件「深喉嚨」之謎已經解開，「深喉嚨」本人在二〇〇五年五月自我揭開謎底，他，就是「美國聯邦調查局副局長費爾特」。這個祕密，伍華德記者守口如瓶長達三十三年。）

華盛頓郵報的小記者伍華德憑著堅定的毅力，不斷挖掘事實真相，使他成為「揭發水門事件的英雄」，也在世界新聞史上，留下最珍貴的紀錄！

所以，當我們的身旁有人說出他的夢想時，請不要急著「嘲笑他、或潑他冷水」；因為，「夢想家」與成功的距離，竟是那麼接近！他，或許多一點用心與堅持，就會變成「令我們又敬又佩的成功高手」呢！

提升挫折力

✧「希望，讓人忘記腳下的崎嶇和坎坷！」我們都要「迎向風雨，讓自己愈活愈堅強呀！」

✧對抗失敗，邁向成功，需要「多一點用心」、「多一份堅持」。

✧「一切痛苦，都將成為過去！」每一個新點子，在成功之前，常被稱為「狂想」。

面對未來，要有無限的想像

人生真正的道路，不是腳下的石子路或柏油路，而是自己內心中無限延伸、無限寬廣、無限璀璨的路——這條路，名字叫做「勇敢跑下去」！

▼知識，是指引你前進的目標

很多讀者會寫信或在網站上留言給我，說自己學歷不好，不知道該不該再進修，還是繼續目前「食之無味、棄之可惜」的工作？

其實，**「知識就是力量」**、**「知識就是優勢」**。

很多人總覺得「知識無用」、「學歷無用」；可是，在不斷求學、進修、學習的過程當中，人就可以繼續成長，並認識更好的朋友、師長。所以，每個人都要學習「放空自己」，才能找到更多的東西、裝入更多的知識和人脈。如果自己不再學習，或一直填滿著過去的舊有東西，就無法再吸收新的知識與智慧。

有句話說：**「心境苦，則萬般皆苦！」**

很多人都認為，生活很苦悶，再進修，豈不是更苦？可是，在面臨人生關卡時，人必須展現出「勇氣和智慧」啊！我認識一年輕人，五專畢業，拿著父親生前遺留下來的錢，到美國遊學。半年過去了，是唸了一些語文，可是他想，還要插班大學，以後還要唸研究所，好苦噢！那還要花多少時間啊？所以，他放棄了，行李也托運回來了。回到台灣，依然是五專的學歷，還需要親友幫忙找工作。

很多人在面臨生命瓶頸時，總是無法放下、也不願突破！

殊不知，**要「乘長風、破萬里浪」，是需要多大的勇氣和毅力！**

如果，天天自怨自艾、沉溺於自我設限的苦，也埋怨心靈煎熬、生活沒目標，則「心境苦，一切都將是苦的！」

人的生命，是由無數的抉擇所組成，然而，我們只要「心中有岸，就不會漂泊」！

只要心中有既定的目標、有堅定的信心，即使途中有大風大浪，也一定能到達成功的彼岸。

▼對未來，要多帶點想像力

從小，我就是個喜歡「想像」的人，想像自己打好桌球、羽球，想像自己有個好女朋友、想像自己到綠島監獄去採訪、想像自己出國留學、想像自己成為一名電視記者、想像自己開一輛高級轎車、想像自己站在講台上，侃侃而談，接受歡呼喝采……

當我「想像」時，我就用「渴望的心」，儘可能去做、去追求、去練習、去實現。

事實上，努力地追求「想像」時，我們並沒有什麼損失，只會有一些辛苦，但也更會有許多收穫啊！

想想，一個人如果沒有「膽量嘗試」，人生會是如何？

可是，當我們有了「想像」，也有膽量不斷地去「嘗試」、「再嘗試」，人生就會一直蛻變，也會變得豐盛、精采許多。

有一句西洋諺語說：**「不是因為困難，所以我們不做；而是因為我們不做，所以事情變得困難。」**

真的，如果我們不做，只是原地踏步，而不願跨出腳步、向前邁進，那麼，事情一定會變得困難，成功也會距離我們愈來愈遙遠！

我們的一生不能是「無風無浪」，因為，一事無成、平平凡凡、沒有作為，太沒有意思了。

可是，我們也不能「興風作浪」，做個惹事生非、令人厭惡的傢伙。我們，要做一個「乘風破浪」的人，順著潮流、揚起布帆，在人生的道路上，走出一條光明大道，交出亮麗的成績單。

有一則球鞋的廣告詞說──「路，只有一條，叫做勇敢跑下去！」

這句廣告詞太有意思了！的確，人生真正的道路，不是腳下的石子路或柏油路，而是自己內心中無限延伸、無限寬廣、無限璀璨的路。這條路，名字叫做「勇敢跑下去」！

我們，要選擇自己想走的路、想做的事，盡情地努力揮灑。

我們，要有「強烈的企圖心、激昂向上的動力」，活出有創意的新生命！

因為，生命可以是如此的豐盛、多彩，我們一定要勇敢地走出去！

國家圖書館出版品預行編目(CIP)資料

課堂沒教，卻是你該懂的人生功課／戴晨志作. -- 初版.
-- 臺中市：晨星出版有限公司，2025.05
264 面；14.8 x 21 公分. --（勁草叢書；545）

ISBN 978-626-420-087-5（平裝）

1.CST: 自我實現 2.CST: 生活指導 3.CST: 成功法

177.2　　114002628

歡迎掃描 QR CODE
填線上回函！

勁草叢書 545

課堂沒教，卻是你該懂的人生功課

作者　戴晨志
編輯　陳詠俞
校對　戴晨志、陳詠俞
內頁設計　張蘊方、黃偵瑜
封面設計　戴曉玲

創辦人　陳銘民
發行所　晨星出版有限公司
407 台中市西屯區工業 30 路 1 號 1 樓
TEL：04-23595820　FAX：04-23550581
https://star.morningstar.com.tw
行政院新聞局局版台業字第 2500 號
法律顧問　陳思成律師
初版　西元 2025 年 05 月 15 日（初版 1 刷）

讀者服務專線　TEL：02-23672044／04-23595819#212
讀者傳真專線　FAX：02-23635741／04-23595493
讀者專用信箱　service@morningstar.com.tw
網路書店　https://www.morningstar.com.tw
郵政劃撥　15060393（知己圖書股份有限公司）

印刷　上好印刷股分有限公司

定價 350 元

ISBN 978-626-420-087-5

Published by Morning Star Publishing Co., Ltd.